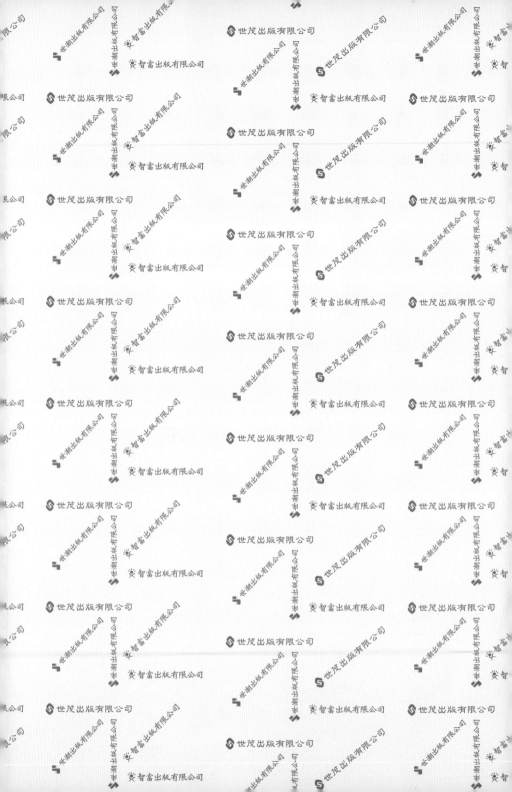

脳のバグらせ方 脳がわかれば恋は作れる

好感溝通 聊著聊著就脫單

世良悟史——著 劉淳——譯

前言

以前我朋友很少，不特別受人喜愛，溝通技巧也不突出，就是一個隨處可見的普通男性。

不過，從某天起，我開始能夠「引導談話對象做出我希望他做的事，讓對方感覺到我希望他感覺到的情緒」。

一切都是朋友出於玩心送我的「催眠術」二手書開始。這本書讀起來很有趣，讓我漸漸被書中世界吸引。書中提到一種叫「冷讀術」（cold reading）的話術，概要是藉由觀察外貌，並從無關緊要的對話中獲得資訊，再以這些資訊為基礎，讓對方相信「我比任何人都了解你」，藉此獲得對方的好感。

令人驚訝的是，這種話術是「可以透過練習學會的技術」。

這種技術真的能學得會嗎？

我以前認為，溝通大多是受「外在魅力」等先天因素影響。也就是說，自我啟發書籍中所寫的各種溝通技巧只不過是輔助，想讓人對你產生好感，最大的因素還是要「長得好看」。

不過，這本書完全否認了這一點。它主張只要學會這種話術，無論外貌如何，都能抓住別人的心。對當時的我來說，真是備受衝擊。

說起來，我原本就會對讀書和社團活動等只要朝著正確方向努力就能進步的事物投注不少熱情，但從來沒有想過要努力學習「溝通」和「話術」。

除此之外，這本書還系統性地寫出「該從什麼方向做哪些努力」。我看了之後心想：「學會冷讀術好像會讓人生更有趣」，從此努力學習這種話術，累積許多經驗，才有今天的成就。

本書的第一章「關於腦的兩個誤解」是後面章節練習法的背景知識。這一章的內容稍微困難些，只想快速了解方法的讀者，可以跳過第一章，先閱讀後面的章節。不過，若不了解背景知識，就無法運用在各種狀況中。深入理解各個方法論可以提升應對能力，因此，還是建議各位由第一章開始按順序閱讀。

第二章是「讓對方大腦產生錯覺，對你產生好感的習慣」，介紹想讓對方對你有好感，須要了解的基本思考方法，以及平常就應該要有的態度。

第三章是「讓對方大腦產生錯覺，對你產生好感的具體行動」。這一章介紹當你與喜歡的對象見面，或者從未見過面的情況下，各自該採取的具體行動。藉由不斷重複這些行動，你喜歡的人會在不知不覺間對你產生好感。

若各位讀者能確實了解本書介紹的背景知識，採取正確的行動，不但能讓別人對你產生戀愛的好感，有時也可能產生戀愛以外的感受，進而做出對你有好處的行為。

請一定要讀看看這本能改變人生的書，並在日常生活中實際使用這些溝通技巧，感受它的效果，成為一個人見人愛的萬人迷。

目次

Chapter 2

讓對方大腦產生錯覺，對你產生好感的習慣

Chapter 3

讓對方大腦產生錯覺，對你產生好感的具體行動

視線與注意力的規則

跟喜歡的人見面時該做的事

跟喜歡的人沒見面時該做的事

※本書的內容只要沒有特別註記，不論男女都可以使用。

※對同性也可以使用，但如果對方只對異性有興趣，多半會被歸類為對人的好感（對朋友的好感）而非戀愛情感（會因對方的性傾向而改變）。

※本書的內容是作者根據大膽的個人考察得到的結果，請理解這只是許多理論中的一種。

Chapter 0

大腦喜歡藉口

大腦喜歡熟悉的事物，因為這是負擔最小的選擇。嘗試新東西很累，大腦也不想做跟別人不一樣，或是違反常識的事。

因此，只要持續做大腦不會優先選擇的事，就能輕鬆得到特殊的結果。這些結果可能是金錢、溝通能力，甚至是愛情。無論如何，當你拿起這本書，就代表你想改變現狀。既然如此，希望讀完本書後一定要實際試試看。大腦很會找藉口，會告訴你「這都沒有用」「平常就已經很忙了」。請在讀完本書後，再一次閱讀本頁，就會非常清楚了解這一點。

◎成為「假的」算命師

在進入正篇前，我想先解釋學會冷讀術的前因後果（想立刻知道實用方法的讀者，請跳到第二章）。

開端如同前言所述，朋友送了我一本催眠術的書。我當時就讀大學一年級，沒有參加任何社團，除了課業與打工，空閒時間算多。於是我運用這些時間，開始學習冷讀術這種如夢似幻的話術。

冷讀術之所以有名，是因為它是算命師用的話術。據我所知，許多算命師其實不會算命，他們會非常巧妙地利用塔羅牌或手相等系統化的構造和對方談話，從對方的外表與對話內容推測出各種資訊，並基於這些資訊讓對方覺得「這個人真的很了解我（因此這次算命很準）」。也就是說，恐怕有許多算命師都是「假算命師」。能夠堂堂正正經營的算命師，可以說都是冷讀術達人。

那天，讀完那本催眠術的書後，傍晚我在附近的生活百貨買了紙箱、木台和黑布，做了一個算命師風格的桌子，在新宿站西口附近當起了假算命師（若未取得許可，這種行為可能會違法。想模仿的人請先確認法規）。

我當然不會算命，因此決定假扮成沒有道具也能「有模有樣」的手相算命師。實際試過會發現，這種攤位意外會吸引不少客人。即使我完全不會占卜，也很快出現了第一位客人。那是一位運動風格，留著合適短髮，正要下班回家的女性，年紀看起來不到三十歲。

老實說，我原本覺得「應該會有辦法」，但當她來到我的面前，我的大腦瞬間一片空白，心想：「我根本不會占卜，我到底在幹嘛？該怎麼辦？」（我至今還是不知道事前我為什麼沒有這種想法）。其實我根本不記得一開始談了些什麼，不過，在我跟她生硬的對話中，我終於第一次使用了冷讀術。直到現在，我還清楚記得那一瞬間的轉折。

「妳小時候沒有留長頭髮對吧？」

「對，我很少留長頭髮。」

「原來如此，但是妳沒有想要留嗎？」

「嗯～確實不太想。」

「妳在運動這方畫下了很多功夫，又很適合短髮，或許妳一直都是短髮，但妳心裡是不是希望『別人能把妳當成女生看待』呢？」

「咦？你怎麼知道我以前有運動？」

「是軟式網球對吧？」

「咦？是的……好厲害，你怎麼會知道？我國中、高中都是軟式網球社，大學也是網球社的。」

（太棒了！）

其實，我是依據她手上的繭，推測她應該曾經參加過須要使用球拍的競技運動，再加上膚色偏黑，推測應該是戶外運動，因此隨便猜是軟式網球，還好猜對了（這種找到單一答案的推測法叫「霰彈槍」，是冷讀術的技巧之一。即使猜錯了，對方說「不，我打的是籃球」，你還是可以接著說「果然如此，你的手相看起來對朋友很好，所以我猜是團隊運動」，表現出沒有猜錯的樣子）。

我猜對之後，談話的局勢就改變了。之前她還半信半疑的，在這之後無論我說什麼，都是一副打從心底相信我的樣子。我接著引導她說出人生與戀愛的煩惱，告訴她許多積極正向的占卜結果，而我的第一位客人就在完全沒有察覺我是假算命師的情況下，笑著離開了攤位。

◎學會溝通術，世界就此改變

結束第一次算命後，我的心臟砰砰跳，內心有一股難以言喻的成就感，兩者都十分強烈。

「冷讀術真是太厲害了……」

「連第一次碰面的人，都這麼相信我……」

如果是現在的我，大腦八成會找藉口拒絕：「明明不會算命卻假裝自己是算命師，只會給自己丟臉，也造成對方的困擾」。不過，當時我年輕氣盛，一心只想著「好像很有趣就來試試看」。而且，也因為真的有人來算命，只好硬著頭皮假裝到最後。以結果來說，因為我年輕又愚蠢，才沒有輸給大腦找的藉口，獲得了強制學會冷讀術的機會。

品嚐到第一次成功滋味的我，想要好好學習這門技術，開始一週七天，每天晚上都在新宿站西口附近擺攤，扮演假算命師。持續近一個月之後，我只要看到對方，就會知道對方喜歡聽什麼，如何獲取對方的信賴。這件事真的非常有趣。藉由對話讓對方滿足，讓對方喜歡我之後，也有愈來愈多的客人感謝我，給我小費（附帶一提，我的算命服務沒有收費）。

光是和對方說話，對方就感到滿足。而且不論是哪一位客人，都在對話過程中明顯地對我產生好感。還有幾次，女客人希望能更深入認識我，主動告知我她們的聯絡方式。這讓我非常驚訝。只不過是學會了一種溝通技術，就能讓完全不認識我的人開始喜歡我。事實告訴我，巧妙的對話能大幅影響別人的情緒與行動。當我實際體驗在書中讀到、用腦袋理解的內容，真的十分衝擊。

從此，我徹底沉迷研究溝通，在網路書店上買了約兩百本與溝通有關的書籍（我還是學生，存款也因而歸零），有時間就讀，並試著學習、實踐書中的方法。這些方法包括催眠誘導、暗示、神經語言學（NLP）、心理學、魔術、說服術、教練、九型人格、故事敘事、動作與微表情分析等等。

尤其是催眠誘導，書籍已經無法滿足我的好奇心，我開始閱讀相關的腦科學與心理學研究論文，甚至與催眠領域的知名研究者取得聯絡，到國外參加課程。

由於我家離新宿並不近，實際扮演假算命師的時間不到兩個月。不過，之後我仍在日常生活的各個場景持續實踐這些技術。結果，一些說出來也沒人相信的事情開始在我的日常中發生，例如：

- 咖啡廳和便利商店的店員把他們的聯絡方式給我。
- 我和三個帥哥一起去聯誼，結果四個女生全都邀我改天約會。
- 找工作時遇到的女面試官之後單獨聯絡我，向我告白。
- 坐電車時和隔壁的老奶奶相談甚歡，之後他想送我價值兩百萬日圓的禮物（我拒絕了）。

再加上我至今常常待在國外，曾與約八十國的國民有溝通經驗。透過與他們的交流，我發現我的溝通技術不僅適用於日本人，而是適用於所有人。文化背景或許會造成些許差異，但溝通的技巧其實是萬國共通。

◎理解大腦，提高重現率

看到像本書這樣的溝通技巧書，相信許多讀者都會有以下的疑問：

「其實你原本的溝通能力就不錯吧？」

「也要看對象吧？應該有些人會不適用。」

「就算我看了這本書，也無法跟你一樣。」

這些問題的答案都是ＮＯ。其實，我在閱讀大部分溝通書籍時，也有一樣的想法。不過，只要正確設定條件，就能用接近百分之百的機率讓對方感覺到你想要他感受的情緒，採取你期望他採取的行動。

我閱讀以腦科學觀點寫的書籍與論文，而非心理學，並根據這些資料不斷進行嘗試後，得到了以下的心得。

實際上，坊間常見以心理學知識為基礎的「自我啟發書籍」與「網路新聞」「Youtube等影片」，多是將心理學當成「看穿對方想法」的工具（這裡所說的「心理學」不是學術上的心理學，而是社會大眾認知的「心理學」）。

看穿別人的想法是一件不可能的事。這是因為心理學只不過是「將人類的傾向進行統整後的內容」，也就是說，它只是統計。

舉例來說，心理學有一個實驗是這樣的：

- 在搖晃的吊橋上有一位極具魅力的女性把自己的電話給了一位男性，後來在十八名男性中，有九人打了電話給女性。
- 若場景改變成不搖晃的橋，則十六名男性中只有二人打電話給女性。

這是一個很有名的實驗，叫「吊橋效應」。從這個實驗可以看出，「統計顯示，在容易感覺到恐懼的狀況下，有較多人會將緊張感誤認為戀愛情感」。也就是說，我們只知道「可能性有多高」，而不是「能百分之百讓對方喜歡上你」。總而言之，在一般認知中的心理學是沒有「百分之百」的，因此一聽到心理學，就容易給人「很可疑」「那只適用在你身上」的印象。

另一方面，腦科學則不同。腦科學奠基於人類的身體功能，只要不設定不合常理的條件，往往是「幾乎百分之百會發生」（其他研究人體功能的學術也是如此）。

舉例來說：

- 在無意識中觸碰到很燙的鍋子時會感覺到很燙，手也會下意識地離開鍋子。
- 在事前無預警的狀況下突然有人對你揮拳，你會感覺到害怕，並在無意識中閉上眼睛。

這些都是幾乎百分之百會發生的現象。因為它們都不是有意識地去選擇，而是在無意識下自然反應的結果。

因此，除非設定以下不合常理的條件：

- **先告訴自己「絕對不可以放手」，再把手放到很燙的鍋子上。**
- **在平常就習慣挨拳頭的拳擊手面前突然出拳。**

否則，有些事情是近乎百分之百會發生的。

這些「情緒」與「行動」幾乎百分之百會發生的原因，是存在人類大腦中潛意識的「本能（生存本能、防衛本能）」為了維持自己生命活動而運作的結果（閱讀本書時，請將「潛意識」理解為「無意識」）。

透過心理學的觀點只能知道「出現這種發展的可能性較高」，但當我們把重點放在大腦，就能找到一套方法論，用接近百分之百的機率讓對方感覺到我們希望他感受到的情緒，做出我們希望他們做出的舉動。

沒錯，只要知道方法，就連以下這種事情都有可能發生：

・讓對方想掏錢出來付帳。
・讓對方想幫你的忙。
・讓對方想通融你。
・讓對方對你產生戀愛情感。

其中，本書特別著重解說「透過日常溝通，讓對方產生戀愛情感的方法」。幸運的是，和其他方法論不同，讓對方產生戀愛情感的方法並不是太難。直接了當地說，只要知道如何讓對方的戀愛情感歸屬於你，並實行這些方法就夠了。

但有一點希望各位不要誤會：本書介紹的並不是「一次就讓對方完全愛上你的方法」。

當然，事實上也有那樣的方法，但本書主要介紹的是「能在日常溝通中自然使用的簡單內容」，這是因為我希望能藉由降低實行難度，讓各位不感覺到心理負擔，確實使用本書介紹的方法。每一次行動能製造的戀愛情感的「量」或許不大，但反覆確實使用這些方法，對方對你的好感「總量」就會慢慢增加。

因此，請在本書介紹的這些方法中，挑選你容易使用的幾種，在和對方溝通的過程中使用，並持續實踐。對方的大腦就會在無意識中對你產生好感，以及戀愛情感。

○使用潛意識而非顯意識

進入正文之前，我還有一件重要的事想說。其實，我在Youtube的留言欄經常看到這樣的留言。

「我已經了解只要從人類的腦和身體機能著手，就能高度有效讓對方對我產生好感。不過，就算有一些話可以提高對方對我的好感，可是如果是討厭的人講這句話，就不會有效吧？如果是我討厭的人對我說這些話，我好像只會覺得『是喔，所以呢』」。

我認為這個疑問非常有道理，不過，幸運的是這個疑問並不正確。因為這個問題是以「顯意識」造成的反應為前提。

我們的意識分為顯意識與潛意識。顯意識是「自己能夠察覺的意識」，舉例來說，「意志」就是一種顯意識。相對地，潛意識就是「自己沒有察覺的意識」，也就是「無意識」，例如「本能」就是一種潛意識。事實上，如果所有意識的總和是一百，那麼

「顯意識只占其中的三，潛意識大約占了九十七」，可以說人類的思考與情緒幾乎都是受潛意識影響（關於顯意識與潛意識的比例，有許多不同的說法，各位只要理解「潛意識佔了所有意識的一大部分」就夠了）。

如此一來，即使對方的顯意識感覺到「不喜歡這個人」，若能因為你的言行而感到心跳加快（後面會詳細說明），潛意識就會在我們找不到事物的理由時，做出一致性的連結，因此，對方的腦會把理由歸結到「我之前不太喜歡這個人，但他讓我感覺心跳加快，或許我其實是喜歡他」。

所以，重要的不是對方的顯意識怎麼看你，而是對方的潛意識感覺如何。為了讓各位明白潛意識的重要性，我想分享一個自己的經驗。

在學生時代，我有一位交情不錯的女性朋友。她是雜誌的模特兒，也是許多男性眼中的高冷美女。當時她有感情很好的男朋友，我也有喜歡的女生，因此我們對彼此完全沒有意思，只是普通朋友。

她常常會說男朋友的事，有些是日常生活小事，有些是炫耀他們感情多好，不過，有時她也會跟我商量一些煩惱。

「我跟他一起去吃飯，結果他說希望我來分菜。他自己分不就好了嗎？」

我聽她抱怨了一陣子，她又接著說：

「說不定我根本找不到結婚對象。」

這時，我開玩笑地回她：

「要是三十歲還找不到人結婚，我就跟妳結婚吧。結婚以後我來分菜，我多吃一點，妳就可以少吃一點，還能順便減肥，真是一石二鳥。」

「你在說什麼啦！」

後來，我們常常開「結婚以後就這樣吧」這種把想像具現化的玩笑。這並不是因為我有意「要讓她喜歡上我」。當時的我完全沒有「潛意識」「大腦功能」等觀點，只是在說笑話緩和氣氛而已。

後來，我們去家庭式餐廳吃飯時，也有繼續聊這個梗。

「我來分菜！給妳一口的分夠不夠？」

「喂，這樣太奇怪了吧！」

我們常常用這個話題來聊天。

之後，我與她有好一陣子沒聯絡，但過了一年左右，她突然說「我想見你」，當我隔了許久跟她見面，她竟然向我告白。她似乎是在我們沒見面的這段時間裡愈來愈喜歡我，滿腦子都想著我。

現在想來這都是理所當然的。舉例來說，只要在餐廳用餐，須要分菜時，她就會同時遇到這兩件事：

- **想起我**
- **不自覺地想像結婚**

**（為什麼會有這種感覺……我以前不覺得他是戀愛對象，那我是不是其實喜歡他？）**

因此產生了這樣的錯誤歸因（關於「錯誤歸因」，在第一章會有詳細說明）。

當時，我並沒有像現在這麼了解潛意識，因此只覺得「這麼漂亮的女孩不可能會喜歡我，這應該是整人遊戲吧？」

一陣子沒碰面的女生因為對我產生強烈的好感，特地來向我告白——就如同這個案例所示，即使顯意識認為「這個人不是戀愛對象」，潛意識也可能產生「對戀愛對象的感情」，當這些感情歸因到你身上，那麼不論對象是誰，都可能會產生戀情。

本書就是說明如何刻意製造這種狀況。

只要了解大腦的機制，戀愛也是可以製造出來的。

Chapter 1

關於腦的兩個誤解

各位是否認為大腦是「能夠職掌我們的意志、記憶與思考的完美電腦」呢？

這樣的認知其實有很大的偏誤。

想確實學會讓大腦產生錯覺的方法，先了解正確的背景知識才是捷徑。因此，這一章會解開許多人關於「腦的兩個誤解」，解說「大腦的真相」。透過正確理解大腦，打好基礎，再學習討人喜歡的溝通技巧。

（不想先學知識，只想立刻實踐的人，請翻到第二章。不過，我會寫這一章當然有我的用意，因此並不建議閱讀時跳過這一章。）

事實 1

行動無法用自己的意志來決定

關於大腦的第一個真相，是「行動無法用自己的意志來決定」。「人是用自己的意志來決定行動」是一個很大的誤解。不過，很多人都沒有理解到這一點。

舉例來說，當你讓喜歡的人大腦產生錯覺，成功約對方出來，對方會以為他是基於自己的意志才跟你約會，因此產生「我跟他約會，就代表我很在意他」的戀愛情感。

○大腦決定了你的一切

「我喜歡傑尼斯風格的男生。」

你有沒有聽過類似這種發言？

事實上，跟這種女生交往的男生都是傑尼斯風格嗎？其實幾乎都不是。不僅不是，講白一點還是跟傑尼斯完全相反的類型。這種「自稱喜歡傑尼斯風格卻跟完全不同類型男生交往的女生」多到數不清。

這到底是為什麼呢？

是因為她們雖然喜歡傑尼斯風格，但是妥協和距離傑尼斯風格很遠的男生交往嗎？這種可能性當然不是零，但既然已經在交往，就代表即使男生的外表完全不是傑尼斯風格，女生應該也是因為喜歡男生才會跟對方交往。

簡單來說，那個女生顯意識認為「自己喜歡傑尼斯風格」，但她「意識中沒有的某一個因素」讓她喜歡上一個「與傑尼斯風格完全不同的男生」，因此才會決定和那個男生交往。

其實，大腦中「能夠意識到的部分」並非全部。有時，大腦中「你沒有意識到的部分」不知為何會對「不是你喜歡的類型的人」感到心動，產生喜歡的情感。而且，這樣的案例，在世上多到數不清。

- 買了沒有打算要買的東西。
- 本來不打算簽約，聽完對方的話就簽了。
- 不知道為什麼就喜歡上了。
- 本來沒有打算做到最後，結果卻做了。

從這裡可以看出，「無論對方的認知如何，我們都可能讓對方產生不同於認知的感情，或是讓對方做出違反認知的行動」。

如果你以前的想法不是這樣，請從現在開始修正它。

人類無法完全用自己的意志來決定行動。

因為人只不過是大腦的奴隸。

潛意識占九成

很多人認為，「腦是反映人類的意志，驅使心與身體活動的器官」，不過事實上，這項認知是錯誤的。正確來說是「腦除了人類的意志之外，還會反映『各種事物』，並驅使心與身體活動」。

在人類的大腦中，關於感情與行動大致可以分為「大腦新皮質」與「大腦邊緣系統」（正確來說其實並非如此，但在這裡請先將它分成這兩個部分）。

其中，大腦新皮質對應「顯意識」，也就是「意志」與「決斷」等部分。舉例來說，當你想到「做完重量訓練後，要吃雞柳補充蛋白質」，

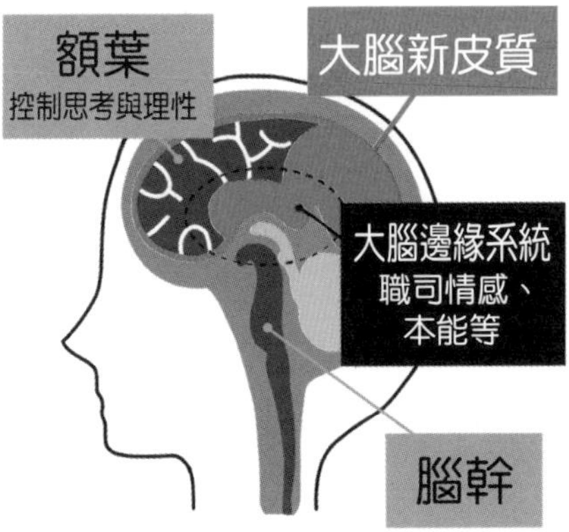

是基於你內心的明確意志選擇吃雞柳，這個判斷就會透過你的大腦新皮質，也就是顯意識來執行。

另一方面，另一邊的「大腦邊緣系統」則對應「潛意識」，也就是「無意中決定的事情或感覺到的情緒」。舉例來說，當你感覺「口好渴，想喝點什麼」而在便利商店拿起爽健美茶，這個「有很多飲料可以選，而你選了爽健美茶」的判斷，就是你的大腦邊緣系統，也就是潛意識做出來的。

有些人聽到這個案例，會覺得「這是因為想喝爽健美茶才會拿的吧」。不過，在這種案例中，常常是走進便利商店之後才有想拿爽健美茶的念頭。

自己在同樣的情境裡，會是怎麼思考呢？大部分的人應該是想著「不想喝甜的，買瓶水或茶吧」→進入便利商店→走到飲料櫃前面→看到Volvic、evian等礦泉水、伊右衛門、養生巡茶等茶飲料→無意中拿了爽健美茶。

你應該也有這樣的經驗。

■ 人類在無意識中受到許多因素影響

- 價錢
- 商品名
- 包裝顏色
- 商品在冷藏櫃裡的位置
- 容量
- 廣告帶來的感受
- 店內的宣傳廣告
- 一起去便利商店的朋友拿了什麼　等等

實際上想一下自己的行動就會發現，做出這樣的決定並不是基於明確的判斷基準或強烈的意志（或許有些人會堅持自己「只喝爽健美茶」，但大部分的人並不會如此堅持，多半是無意識做出了選擇）。

其實，在不知不覺中，你的判斷有受到很多因素的影響。或許受到各種外界環境與資訊影響後，大腦邊緣系統，也就是在潛意識或無意識下做出判斷，才讓你做出「拿起爽健美茶」的行動。

而且，大腦新皮質與大腦邊緣系統，也就是

職掌意志的顯意識與掌握「不經意決定」的潛意識，據說是一：九，也有人說是三：九七。詳細的比例眾說紛紜，但不論是哪一個說法，都明確顯示「潛意識大於顯意識」。從這一點可以看出，你的行動幾乎都不是由思考過後決定，而是你心中的「不經意」在決定。

那麼，為何顯意識與潛意識之間的比率會落差這麼大呢？關於這一點，有許多不同的說法，我認為從進化的觀點來說明最有說服力。

・人類進化到現今能使用大腦來思考，是最近幾千年的事（用大腦思考＝顯意識＝大腦新皮質）。

・從人類誕生的五百萬年前（有許多不同說法）

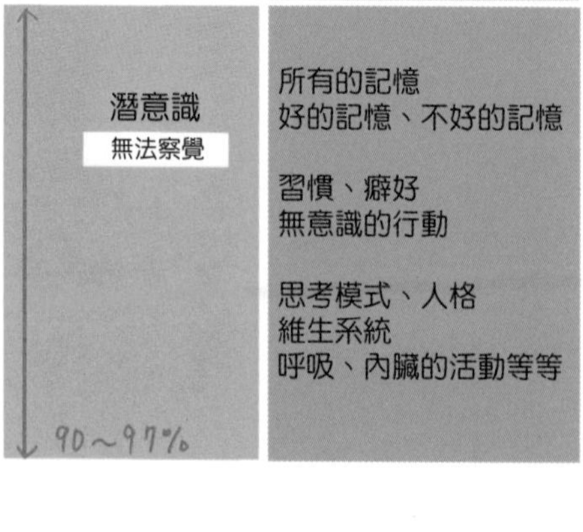

開始，直到幾千年前，人類也和其他動物一樣，幾乎都是按照本能行動（本能＝潛意識＝大腦邊緣系統）。

・因此，原本就有的「大腦邊緣系統」對我們的行動與情感造成的影響範圍較深，最近才發達起來的「大腦新皮質」占的影響範圍較淺。

※因此，大腦邊緣系統也稱為「舊大腦」，大腦新皮質也稱為「新大腦」。

理解到知識背景後，我們應該就能接受「大部分的事情都是由潛意識決定」。然而，現狀是許多人並不了解這件事，因此一直以為「事情都是由自己做的決定」。

剛剛的爽健美茶其實是真實案例。我跟朋友一起前往便利商店時，先說了一句：「喝了茶就會覺得很清『爽』呢。」讓朋友接收到容易聯想到爽健美茶的單字，接著走到飲料櫃時，我又利用自己的視線和肢體動作讓朋友的視線剛好停在爽健美茶的位置。

這也是催眠術和催眠誘導經常使用的技巧。誰也不知道這些誘導事實上有沒有發揮功效，不過，朋友確實買了爽健美茶。之後我問他：「為什麼會選爽健美茶？」他回答：「沒有特別的原因，就是想喝。」

理解潛意識的性質，巧妙引導對方的大腦邊緣系統，就可能成功促使對方按照你的期待行動。

讓對方喜歡你、愛上你，也是其中一種方法論。本書將詳細說明透過日常溝通讓對方喜歡你的方法。不僅如此（不管這麼做是好是壞），透過潛意識，也可以讓對方依賴你、向你貢獻金錢，做到大多數人認為「不可能做得到」的事。

而且，「讓大腦產生錯覺的方法」也可以應用在自己身上。舉例來說，你可以給予適當的資訊，使潛意識做出對你有利的判斷，促使自己願意去做不喜歡的工作或讀書，或是大幅改善記憶力，提高心理與身體的效率。

許多人對腦的運作原理非常不熟悉，事實上，只要理解大腦，就能夠大幅改變你對待他人的方式，以及自己人生的方向。

大腦最在意繁殖與生存

那麼，我們該怎麼做才能影響潛意識呢？最有效的方法是「刺激本能」。本能指的是我們與生俱來，「驅使自己採取某種行動的特質」。

下列是一些具體的例子：

- 害怕黑暗。
- 對未知事物有警戒心，對熟悉的事物感到安心。
- 遭遇性命危機時會發揮比平常更強的能力（火災時力氣變大，或是運動員進入心流狀態）。
- 肚子餓時會想吃東西。
- 看到充滿魅力的異性會亢奮。
- 無法對哭泣的嬰兒置之不理。

這些本能，都是祖先為了把基因流傳下去而具備的特質，經過數百萬年的時間，已經深植在我們體內。目前推測，這些特性是在以下的環境中產生。

- 在暗處被偷襲就無法防禦，因此害怕黑暗。
- 和自己長得不像的生物可能是敵人，因此會提高警戒。與自己相像的生物可能是夥伴，因此會感到安心。
- 即使遭遇受傷等風險，在遇到有生命危險的情況時，還是能發揮比平常更強的能力以活下去。
- 肚子餓了就想吃東西，藉此避免飢餓。
- 看到有魅力的異性就會興奮，以將自己的基因流傳下去。
- 無法放著哭泣的嬰兒不管，是為了提高同類物種的生存率（嬰兒無法獨自生存，因此會藉由哭泣引起周遭的注意）。

在現代的先進國家，人類幾乎不會在暗處遇襲，也不會因為沒有食物而陷入生命危險，不過，從人類的歷史思考，就會發現一直到近代為止，人類都需要這些本能。

將以上提到的許多本能歸類後，可以整理成以下兩項。

- **生子、育兒，把自己的基因流傳下去的本能（繁殖本能）。**
- **察覺並迴避逼近的危險（生存本能）。**

所謂的繁殖本能，說白了就是希望透過性行為繁衍子嗣。生存本能則如同字面意思，是保護自己的本能。如果繁殖本能沒有發揮作用，就會有更多人認為「生孩子在經濟面上沒有好處」，加重少子化情況，或許在不遠的未來，人類就將面臨滅絕。如果生存本能沒有發揮作用，人們即使把嬰兒丟著不管也不會有任何情緒，嬰兒可能會停止哭泣，甚至無法長大成人。

對人類來說，這些本能都是必不可少的，運作時的優先順序高於其他邏輯。

因此，你該誘導喜歡對象的「繁殖本能」與「生存本能」，讓它們發揮效用。如果成功，就能「讓對方喜歡上你」。

舉例來說，「創造讓對方能夠安心放鬆的情境」就是一種方式。在親密時刻被外敵襲擊，不但無法留下子孫，連自己的生存都會遭遇危機。因此，在無法放鬆的情境下，就會讓人難以升起性慾。比起「在喧鬧的酒吧說話」，「在安靜的咖啡廳兩人談話」更能拉近與對方的距離，其實也是一樣的道理。在不受外界干擾，也不太會被認識的人看到的情境下，對方的繁殖本能會在無意識之間提升，成功率也會上升。

一個談話地點的差異，就能改變對方喜歡你的可能性。說話方法、說話內容、時機、身上穿戴的服飾……等等，你有無限的選項能夠讓對方「更容易喜歡上你」。

具體的內容將在第二章與第三章詳細說明。我希望各位先了解，本書推薦的每一個方法論都是基於上述背景。

現在，讓我們一起思考一個問題。

「繁殖本能和生存本能，哪一個比較強烈？」

我想，各位讀到這裡，或許會有這個疑問。當然，這個問題的答案會根據情境而有所不同，但大部分的情況下，繁殖本能會比生存本能還要強烈。

舉一個簡單易懂的案例——女性懷孕。如果生存本能比繁殖本能還強，女性就不會冒著讓身體抵抗力降低的風險而懷孕。懷孕還會提高女性罹患疾病的機率，肚子變大以後，行動也會受限，生產時還有死亡風險。雖然現代女性生產時的死亡機率平均約為〇・二%，並不算高，但十九世紀尚未發現細菌與病毒前，產婦死亡的機率據說達到一〇～二〇%。即使在這種狀況下，女性還是會選擇懷孕，就可以證明我們的繁殖本能高於生存本能。

已婚人士總是會外遇，或許也是因為這樣的背景因素。外遇可能會造成人際關係破裂、失去工作，還要付賠償金，這些「生存本能受到威脅」的後果都是事前就能想像到的，但就算知道不可以外遇，還是無法違抗繁殖本能，或許這也是因為人類的本性就是如此（不過，外遇仍是不對的，請絕對不要這麼做）。

○大腦充滿過時的缺陷

還有一點希望各位可以理解的是，本能對我們來說並不是一直都有正面效果。其實，本能有時也會帶來負面效應。

舉例來說，若在男性朋友讀書時在他面前放一張「女性的裸照」，效果就很明顯了。不論如何努力集中精神，注意力都會下降，閱讀的速度也會變慢許多。原本「對女性的裸體感到興奮」就是男性為了確實留下基因而產生的本能。如果沒有這項本能，人類就不會如此繁榮，或許已經滅絕了。

人類發明紙張之後，就開始畫各種帶有性意涵的圖畫，例如江戶時代的春宮圖。現在只要在網路上或社群網站上搜尋，就容易搜尋到色情廣告或煽情的女性帳號。

男性開始擁有這項本能時，除了繁殖活動以外，並不常看到女性的裸體，因此這種本能並不會造成任何困擾。然而在現代，這種本能常常在不知不覺間減低了男人的注意力。明明是有其他想做的事才上網，卻在不知不覺間就看起了可愛的ＩＧ和抖音網美……。相信很多男性都有類似的經驗。

「本能」對我們來說常常不是必要的「完美救星」。本能只是為了順應環境，被迫「適應」的結果，環境或狀況改變時，或許我們就不再需要它。尤其是現代，與人類過去的歷史相較，現代的變化非常快速。因此，人類為了在這個世界上繼續生存，透過適應而產生的本能無法跟上急速的變化，留下了許多不必要也不合理的部分。

雖然不是人類，但我想「蛾的本能」應該能幫助各位理解這個狀況。蛾會聚集在明亮的地方。這是因為牠們的本能認為，明亮的地方會有食物。但在現代，人類會在各種地方設置電燈，因此，撲向光亮的蛾會因為衝進電燈或營火中死亡。

即使不像蛾會喪命，人類仍有許多不適合現代環境的本能。剛剛提到過的「害怕黑暗」也是其中之一。

人類從前是狩獵民族，若在黑暗中遭到外敵偷襲，就會陷入危機。因此對黑暗產生警戒，或許是一種必要的能力。然而，像現代日本這樣犯罪率低的區域，對於黑暗的恐懼感只會抑制住我們的行動（在黑暗中行動當然也有風險，但有時也會有好處，然而，人類總會對黑暗產生多餘的恐懼）。

其他還有，女性常覺得有錢人更有魅力，或許也是基於本能。當男性暗示自己很有錢，女性就會無意識地覺得這個男性更有魅力。即使這個男性其實並不是真的有錢。

※補充：達爾文的「物種起源」提到：女性為了留下自己的子嗣，容易受到更能讓子孫生存下去的男性吸引。過去跟現代不同，女性只要懷孕，就很難一個人活下去，因此會覺得能夠保護、養育孩子和自己的男性很有魅力。狩獵民族時代，女性容易愛上能夠為了自己和孩子找到更多食物的男性；戰爭時期，女性喜歡能夠強力保護自己的當權者；

而在資本主義時代，女性容易愛上有錢的男性。有錢的大叔之所以容易吸引更多女性，這也是原因之一。

如上述說明，本能經過漫長的時間，常常已經變成「和原來目的不同」的運作方式。我將它稱為「大腦的錯覺」。即使我們想要做出合理的判斷，過時的本能還是會在無意識間做出不合理的決定。大腦常常無法做出合乎邏輯的判斷。

我在本書想說明的是關於戀愛的「大腦錯覺法」，亦即利用這樣的「大腦錯覺」促使對方愛上你。

・案例1：「人容易喜歡上熟悉的對象」

↓古代要戰鬥時，人們必須迅速分辨敵我，為了適應這樣的環境，就容易對與自己有許多共通點的人產生好感。

↓和對方一起去只有跟熟人才會去的地方、做只有熟人才會一起做的事，對方的本能就會感覺到你是熟人，最後喜歡上你。

・案例2：討厭損失，討厭失去

↓自古以來，失去食物與居住地點可能會危及生命，因此人的本能會避免遭受損失。

↓和正在交往的男友或女友同居，本能就會讓他們「不想失去居住地」而較難分手。

其他的「大腦錯覺」還有這些：

・案例3：喜歡有三～四個選項

↓大腦喜歡自己能夠完全掌握狀況，且可以按照喜好選擇的情境。選項太多會很辛苦，選項太少就沒有自己能作主的感覺。因此，告訴對方選項時，若能提供有限的選項，再誘導對方做出你希望的決定，對方也較容易順著你的想法行動。例如：「義大利菜、中華料理和日式料理，你喜歡哪個？我比較想去日式料理，因為它有期間限定特別餐，但你可以選你想去的店！」

・案例4：喜歡名詞多於動詞

↓與其說「去吃好吃的東西吧」，不如以「今天也來進行『美食俱樂部』活動吧」來邀約，可以刺激對方的歸屬感，對方答應邀約的機率也會變高。

・案例5：物以稀為貴

↓稀有價值。以「外國的知名咖啡廳在日本開了第一間店，全日本只有這裡吃得到！」來邀約對方，對方答應的機率會比較高。

其他還有許多不同的大腦錯覺。只要理解這些錯覺，就會大幅提高在溝通上取得優勢的機率。

到這裡為止，我所說明的都是關於「本能」的大腦錯覺，事實上，大腦會產生的錯覺可不只這些。接下來，我要說明「記憶」的系統以及「記憶」「認知」「感情」的錯覺。

事實 2 大腦很不講邏輯

關於大腦的第二個事實是，「大腦很不講邏輯」。

很多人都覺得「自己可以按照邏輯思考」，但事實並非如此。最具代表性的例子就是「腦會把記憶竄改得對自己有利」。這也是許多人沒有理解的大腦特性之一。

如果能讓對方把錯誤的記憶誤認為正確的記憶，讓對方的記憶改變成「喜歡你」……那會有什麼效果呢？

大腦無法正確記憶

你是否曾聽過這樣的對話？

「我全部都記得啦！」

「我全都有看到啊！」

當事實證明他或她說得不對：

「明明不是這樣的……」

「抱歉，我可能搞錯了……」

這種場景你可能看過好幾次，甚至自己也曾經遇到過。

我也曾有過這種「記憶出錯」的經驗。小學一年級時，學校老師對全班學生說：「如果有人做壞事，你們要跟老師說。」正義感很強的我響應了老師的呼籲，告發了同班的男同學。

「我知道一年三班的直樹同學做了壞事！」

前一天下了雪，直樹和其他朋友一起在放學路上做雪球打雪仗。當時，直樹爬上了汽車引擎蓋，收集積雪做雪球。我偶然看到了這一幕，卻不知為何記得直樹「爬上了汽車，弄壞了擋風玻璃」。

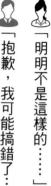

其實，之前我聽說幾天前有一個朋友在玩耍的時候亂丟石頭，丟到陌生人的汽車擋風玻璃上，被爸媽痛罵了一頓。應該是當時產生了「不能弄壞車子的擋風玻璃」的觀念，讓我的記憶錯亂，因此產生了「直樹爬到汽車上做了壞事（＝弄壞擋風玻璃）」的錯誤記憶。

當時的我深信「自己的記憶絕對是正確的」，即使直樹和他的朋友都說「直樹沒有弄壞汽車的擋風玻璃」，而且去問過附近的人後也沒有發現哪一台車的擋風玻璃受損，我還是強烈堅持「我真的有看到！」結果，老師們根本無法收拾殘局，使得直樹被爸媽大罵一頓。這全都是我帶來的麻煩。

從別人的角度來看，應該會認為「從事證來說是你誤會了」，客觀看來，我也知道是過去的自己記憶出了錯，不過，我一直堅持自己的記憶是正確的，也是因為當時的我認為記憶絕對不會有錯，因此對自己的記憶深信不疑。

讀到這裡，或許有些讀者會認為「這是小學生才會發生的狀況」「大人不會有這種錯誤的記憶」，但事實並非如此。請試著搜尋「抓錯人照片」，就能看到許多基於目擊者指認「這個人就是犯人」而逮捕後，卻發現抓到的並不是犯人的案例。

記憶是很模糊不明的，輕易就能被改變。這與大腦「只記得事物的重點」這項特質有很大的關係。

我們的大腦有容量限制，這是理所當然的。

- 如果把見到的、聽到的、感覺到的事物全部記下來，腦容量會不堪負荷。
- 如果回想所有事情太花時間，會妨礙日常生活。
- 把記得的事物全部轉化為記憶，並回想所有記憶，會花費極大的能量。

以這種方式記憶和回想會妨礙日常生活，因此，人類的腦發展成只記住事物的重點，且記憶與記憶會彼此結合，保存在潛意識裡。「不記住所有的事情，只記住重點，藉由記憶彼此的結合，保證記憶正確性的大腦特質」，就是大腦適應環境後的結果。

如下圖所示，大腦只會記住重點，藉由重點間的連結，讓我們回想起相關的事物。

舉例來說，聽到「蘋果」，你會想到什麼呢？是不是「紅色」「水果」「百分百果汁」等等的詞彙？或是去摘蘋果的快樂回憶？每個人想到的都不一樣，但每個人都會在潛意識下想起和「蘋果」這個詞連結的知識與記憶。大腦的潛意識會在無意識中把你認為有關的事物結合起來，形成你所認知的「記憶」。

回想過去旅行時的記憶，就會很清楚發現這一點。請試著回想在整趟旅程從頭到尾有哪些活動，有哪些印象深刻的事情，接著再從手機或相簿中把那趟旅行的照片找出來看，一定會發現有

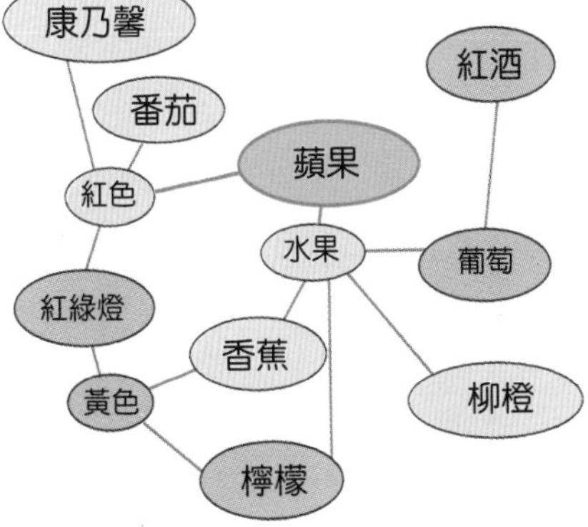

許多事是看了照片才想起來的。

這可以證明，大腦不會記得所有發生的事，而是記得一些斷片，其中容易與潛意識連結的部分會被想起來，其他則想不起來（不過，看了照片就想起來，代表你的潛意識還記得，只是這部分的記憶沒有在潛意識內產生連結）。

那麼，如果因為某些因素，導致錯誤的點與點之間產生連線，會怎麼樣呢？這時，若試圖回想潛意識中的記憶，而這個記憶連結了錯誤的資訊，記憶就會被改變。我之所以會跟老師告直樹的狀，就是因為發生了這種狀況。

如果能夠藉由溝通誘導對方，在對方腦中讓你和「對你有利的資訊」產生連結，會發生什麼事呢？

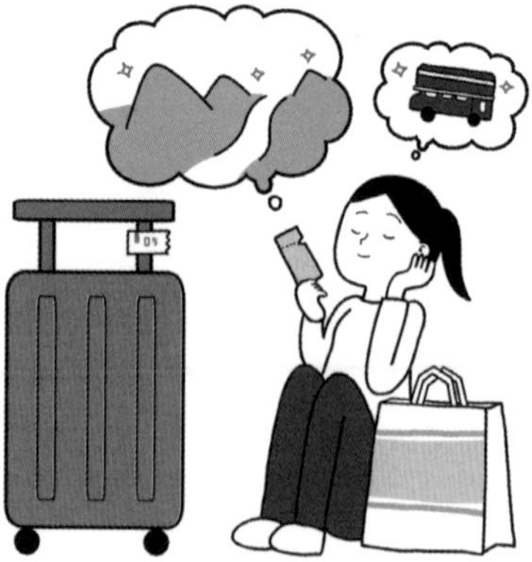

沒錯，你就可以在對方的腦中製造對你有利的「錯誤記憶」。這是因為大腦花了很長的時間適應環境，因此不會記住所有的事情，只會記住重點，因此會發生這種大腦錯覺。

◎大腦會偏向方便的那一邊

那麼，該怎麼做才能讓對方的腦偏向錯誤的資訊呢？大腦容易偏向哪一種資訊呢？

答案是「方便的那一邊」。

當我們在回想與思考，如果大腦中沒有找到正確的資訊（記憶或原因），而在潛意識下找到「連結起來後乍看之下符合邏輯的資訊」時，大腦就會認為這是正確的資訊，並結束思考。

舉例來說，你在咖啡廳和異性朋友聚會，談論共通朋友的戀愛話題。從那天開始，你只要一想起那位異性朋友，就覺得心跳加快，並會認為心跳加快的理由是「聊天時對方的笑容很好看」。

不過，事實上你之所以會心跳加快，或許不是因為對方的笑容很迷人，也許是因為當時吃的巧克力含有「苯乙胺」「多巴胺」等腦內荷爾蒙造成的影響，也或許是你聽了戀愛話題，自然就心跳加快。

心跳加快有許多原因，不論是哪種，不管邏輯是否正確，只要潛意識能找到「乍看之下合理」的理由，就會被大腦當成「心跳加快的原因」。在這個例子中，就是「異性朋友在聊天時的笑容」。也許你已經正確認知到「因為吃了巧克力才會心跳加快，並不是因為喜歡對方」，大腦卻擅自把心跳加快和「容易聯想到的資訊」，也就是「聊天時對方的笑容」連結起來，讓你覺得自己是「因為聊天時對方的笑容」而怦然心動，也因此開啟了一段戀情。

這種「乍看之下似乎合理，其實是誤以為錯誤資訊之間有因果關係」的狀況，稱為「大腦的錯誤歸因」。

（錯誤歸因：以為錯誤的原因是正確的原因）

大腦之所以會產生錯誤歸因的理由，在於「生存本能」。記憶的改變主要也是為了避免大腦過度負擔，而錯誤歸因同樣也可以說是為了適應環境而出現的大腦特質。這是因為，如果對日常生活中見到、感覺到的所有事物都「以顯意識思考因果」，就會花太多時間思考。因此，大腦為了避免過度負擔，若在無意識間找到合理的資訊，就會自動把它當成原因。

只要知道這個機制，想讓對方的大腦產生對你有利的認知就非常簡單。

如果希望對方對你抱有戀愛情感，只要用對方想不到的方法，讓對方做出或是感覺到「戀愛時會發生的行動或情感（怦然心動等等）」就夠了。

如果成功讓對方認為這種狀況只有一個原因，就是「會做出這種行動，感覺到這種情感，都是因為喜歡你」，對方的大腦就會錯誤歸因到你設定好的原因，對你開始產生戀愛情感。

這麼說可能有些難懂，以下將以案例來說明。

◎大腦的錯誤歸因：大腦會改變感情與認知

前面的章節曾提到「大腦會改變記憶」，事實上，大腦連「情感」和「認知」都能改變。在許多情境中，這些改變是有連鎖效應的。

舉例來說，假設「你借了一本書給好朋友A，A一直沒有還」。這時，你與A的交情很好，你認為A是個好人。

但是這個狀況一直沒有改善，書一直沒有還回來。如此一來，你的腦為了接受「書沒有還回來」這個事實，就有可能歸因為「或許A不是個好人」。

這時，如果朋友B告訴你「我借給A一千塊，A也沒還我」，你心中「A不是個好人」的可能性就會愈來愈高。

條件已經很充分了。

在朋友B抱怨的時候，你的認知已經變成「A老是借東西不還」，不知不覺間你就會說出：「A老是借東西不還（其實他也只是這次還沒還，也不確定他是不是真的不會還）。」而且，你對他的情感也會被修改為「A是個討厭鬼」。

這就是大腦的錯誤歸因。腦內像這樣發生整體的連鎖改變，相信你也有過類似的經驗。有一個利用這個原理刻意製造戀愛機會的方法，非常簡單易懂，我以前曾在Youtube上介紹過，那就是「一起去看愛情片」。

請試著和你喜歡的人一起看最浪漫的愛情片或連續劇。若不去電影院，也可以在家裡一起看DVD，如果無法在家，也可以在咖啡廳一起用智慧型手機看。假如獨處時間很少，大多情況是複數人一起去看電影，請若無其事地坐在你喜歡的人身邊。總之，請編個藉口或理由，跟對方一起看愛情片。

接著，在電影演到最浪漫的場景時，請反覆讓對方的大腦認知到「我們此時此刻在一起」。

在電影演到浪漫場景時，你可以這麼做：

- 把爆米花遞到對方面前。
- 伸手去拿放在對方旁邊的飲料，讓他感覺到你。
- 如果對方看起來很冷，把你的外套披在對方肩上。
- 假裝不小心碰觸到對方的手，讓對方意識到你。
- 順勢握住對方的手（如果對方說了什麼，就推說是電影氣氛）等等。

看完電影之後也可以：

- 一起討論最浪漫場景中主角和女主角的心情。
- 再見面時，每次都要提起這場電影，例如：「之前看的那場電影真的好棒」「劇情發展真的太巧妙了」。
- 找個藉口，邀約對方下次再一起出來看電影等等。

這些行動的原理是「當對方腦內體驗到電影中的浪漫情感，身邊總是有你在」。於是對方心中產生「浪漫情感」時，就會無意識地想起你。如此一來，就算你原本不在對方的考慮內，他也會產生「一想到你就怦然心動」的情感。還會開始覺得「之所以會產生這種情感，是因為喜歡你」。這時，對方的大腦也會回溯過去的記憶，把它修改成「跟你一起看電影時，真的有怦然心動的感覺」，即使事實上他只是體驗了電影中的浪漫情感。

這只是一種有利的錯誤歸因案例。除了一起去看愛情片，只要能引發錯誤歸因，就能輕鬆製造戀愛。

舉例來說，外出旅遊時，在平常不會遇到的地點偶然碰到了認識的異性朋友，只要說出：「沒想到會在這裡遇見你！我們是不是很有緣？也許這就是命運。」就能扭曲對方的認知，讓對方以為「在這種地方遇到你真的太難得了」「或許我們之間有命運的紅線」「我可能是喜歡他」「我喜歡他！」也許不知不覺間，對方就真的會愛上你。

接下來，我會介紹幾個讓對方產生戀愛感的具體方法。只要了解它的背景，就能配合你的狀況適當做出調整。請一點一點持續學習讓大腦產生錯覺的溝通技巧，別中途放棄，讓你喜歡的對象愛上你。

Chapter 2

讓對方大腦產生錯覺，對你產生好感的習慣

本章將介紹產生戀愛錯覺的方法，包括讓對方喜歡上你的具體溝通技巧與行動方針。

前一章說明過，只要能吸引對方的潛意識，又有容易錯誤歸因的適當理由，就可以製造戀愛感。說得極端一點，即使一句話都不說，也能製造出戀愛感。

最經典的例子就是「一見鍾情」。一見鍾情就是偶然間接觸到令人陷入愛戀的要素，同時又因為巧合而產生錯誤歸因的理由所造成的現象。這種情境當然也可以刻意製造。

「萬人迷」的基本思考

想讓喜歡的人愛上你，就必須成為一個「萬人迷」。接下來，我會先說明「萬人迷」的習慣、態度與思考方式。

一般人想到溝通時，常認為「說些什麼內容」「怎麼傾聽」很重要，事實上，重要的不只是這些。以下將介紹五個希望各位能養成的習慣、態度與思考方法，這些都是溝通的基礎。

❶ 享受當下

請回想自己喜歡上某個人時的場景，想起的應該是對方純真的笑容，和朋友談笑的場面，或是認真讀書的模樣……等等不經意的瞬間。

因此，享受當下是非常重要的。當一個人完全享受當下，用盡全力努力的模樣，本身就非常有魅力。尤其是在運動或進行戶外活動時，是讓女性感受到「男子氣概」的大好機會；做菜或在咖啡廳見面，則是讓男性感受到「女人味」的好機會。

順帶一提，這招在容易讓許多人產生戀愛感的場合會特別有效。例如學校教室、才藝課程、職場、聯誼地點……等等。在這些場合，會有許多人想在無意識間吸引自己喜歡的異性。在這樣的氛圍下，請你完全不要吸引異性，只要全力享受當下就好。如果只有你不在意異性的眼光（即使是在無意識之間），那麼你跟別人就會有明確的不同，這種不協調感最容易吸引周遭目光。舉例來說，現在有五顆蘋果，其中只有一顆是青蘋果，大家第一眼都會看向青蘋果。而你的意識中也只會留下有一顆青蘋果的記憶（關於不協調感，將在❹詳細說明）。

只要全力享受當下，便會無意識吸引大家的眼光，自然成為令人在意的對象。

② 笑

面帶笑容，也就是在雙方都在的場合露出笑容，也惹對方笑。無論是什麼形式，笑容都很討人喜歡。我們和感覺可疑或沒有興趣的人在一起時就很少會笑。因此，當你在日常中面帶笑容，就會讓對方產生「我和這個人感情不錯」的認知。

當你笑出來，對方會覺得：

（我和一個沒見過幾次面的人一起笑了）

（也就是說，我跟他感情不錯，才會一起笑出來）

當你面帶笑容，對方會覺得：

（這個人跟我待在一起時一直面帶微笑）

（也就是說，他跟我的感情不錯，才會跟我在一起時都面帶微笑）

對方的大腦潛意識會在不自覺間如此歸因，因此，即使是第一次見面或關係尷尬，只要持續露出「笑容」，就能幫助你們一口氣培養出良好的關係。

此外，表情豐富的人之所以有魅力，是因為當對方表情很豐富，你的大腦會錯誤歸因於你和對方很親密。因此，訓練自己擁有豐富的表情，就能提高你「討人喜歡」的能力。

舉例來說，下圖的舌頭訓練就很有用。只需要三分鐘就能做完，每天洗澡時做做看，鍛鍊臉部表情肌肉，讓自己露出豐富的表情。

閉上嘴巴，移動舌頭，用舌尖舔舐牙齦的外側。由左向右，由右向左各做十次。

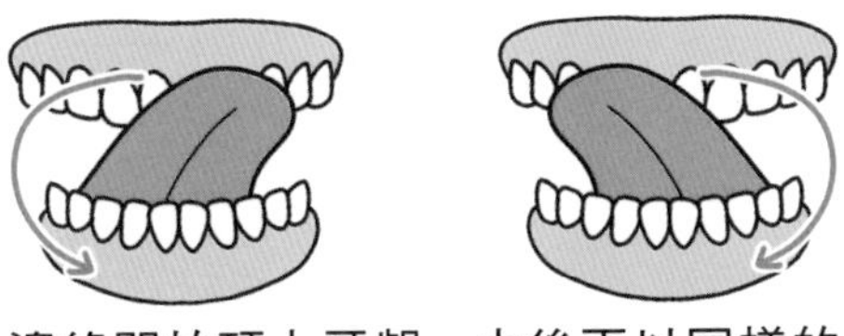

從邊緣開始舔上牙齦，之後再以同樣的方式舔下牙齦，用兩秒舔完一圈。

❸ 不以對方的態度來判斷

假設跟喜歡的人一起去了迪士尼樂園，通常我們會從表情和言行判斷對方是否開心，進而思考這次約會是否成功。這時，其實對方也會在無意識間對你的態度與表情產生反應，並判斷這次約會是否成功。

也就是說，當我們愈想判斷彼此的溝通是否順利，愈容易注意對方的表情與言行。因此，我們該做的不是觀察對方的態度與反應，藉此判斷溝通是否成功，而是當你自己展現出「現在很開心」的態度，就能讓對方的大腦判斷「這次約會很成功」。

當紅的搞笑藝人，沒有誰是看著觀眾的臉色說笑話的。每個藝人都是在多次練習後，對自己的笑料一定會引人發笑擁有自信，並堂堂正正地說出來。其實，這種態度就是能引人發笑最重要的原因，也是我們在平常溝通時絕對不能忘記的思考方式。

❹ 製造不協調感

在「❶享受當下」也有提到，之前的章節也提出過幾項案例，人類的潛意識會先注意跟其他不一樣、不熟悉，或是有不協調感的事物。這是因為如果這種事物對你有害，例如那是一條毒蛇，只要一步走錯，就會發生無法挽回的悲劇。因此，會先注意有不協調感的事物，很可能是我們的生存本能適應環境造成的結果。

不論如何，只要了解這個原則，就能藉由製造具有特徵且顯眼的「與眾不同要素」，吸引別人的注意力。

我的拇指上戴著戒指，因為幾乎沒有人會把戒指戴在拇指上。而且，我平常都穿在國外買的衣服，國外的衣服細節處理和日本的服飾不同，雖然顯意識不會察覺，但這些小地方可以讓對方感覺到潛在的不協調感。

事實上，我之所以會在影片裡拿著色彩鮮艷的兔子玩偶，有時還會穿著坦克背心拍攝影片，也都是出於這個理由（兔子玩偶的登場其實有別的故事背景，但已經在YouTube介紹過了，在此先省略）。

不論是飾品、服裝或髮型都可以，話題或是口頭禪也可以，請試著讓自己帶有一種「不協調感」。

舉例來說，當你把吉他造型的鑰匙圈掛在包包上。

「翔太，你會彈吉他喔？」

對方會無意識間注意到，也往往會把它當成話題。這時，如果你有事先準備能夠傳達魅力的具體故事，就能讓對方被你的魅力迷得團團轉。

「沒錯，我組了一個翻唱樂團，會唱 RADWIMPS 的歌。其實這也是 RADWIMPS 的巡迴演唱會週邊」

「原來如此，RADWIMPS 很棒耶！你們還有唱哪些樂團的歌？」

事先準備好故事，也是製造不協調感的好處之一。也就是說，你已經事先知道對方會問什麼樣的問題，只要事先準備好能夠誘導對方往自己期望方向的話題，就能輕易製造出你想要的效果。

以我的戒指為例，大致是如下的內容。

拇指戴戒指

↓在國外玩潛水留下的習慣。潛水者會在身上戴戒指或攜帶金屬棒，以便在危險來襲時用來敲擊身上背負的氧氣筒，發出聲音，警告其他潛水者。

↓可以藉此開啟潛水的話題、國外的話題，或是運動的話題。

↓能從這些話題中讓對方發現我的魅力，包括國外經驗豐富，會說外語，也會運動。

又或者是

↓其實我還會用戒指變魔術。

↓表演魔術，讓對方驚奇。人類的大腦很難把不明白的事物放著不管，當我持續喚起對方心中潛在的「想知道魔術是怎麼變的」「到底是怎麼做到的」等意識，對方就可能把對魔術的興趣歸因到對我有興趣。

此外，前面提到不協調感容易留在意識中，其實，它同樣也容易留在記憶裡。第一章提到「因為記憶的結構，人只會記得重點，並藉由記憶彼此的連結建立記憶網絡」。容易留下印象，也就代表這件事容易被當成「重點」記得。

因此，製造出不協調感之後，還要在對方發問時，透過故事，巧妙地給對方留下印象，例如：

拇指的戒指↓世良悟史海外經驗豐富，還很會運動……等等

如此一來，當對方看到其他人的拇指戴戒指，會容易聯想起我，也會提升我在對方心中的魅力。

因此，最不理想的就是太過平凡，跟別人沒有差異的普通人。記憶點少的人，很難引起別人的注意，也難以留在對方的記憶中，甚至歸因於戀愛的機率也會比較低。

製造不協調感，將這種不協調感和你希望的形象連結起來，是溝通中非常重要的一環。請一定要在自己身上加入引人注目的特點或特質。

5 注意儀容

注意自己的外表儀容，在「藉由不協調感獲得對方注意」時很重要，但還有其他的重點，那就是「外在本來就是能輕易吸引異性的因素」。

第一章已經提過，人類的繁殖本能會受到「性魅力」的吸引。魅力高的人所生下的孩子，也較有可能擁有魅力，這會讓其他人認為跟這個人生下的孩子比較容易生存（這也是帥哥和美女具有魅力的理由之一，尤其是現代，以外表為武器賺錢的人很多，也可以說是其中一個案例）。

此外，女性容易被「權威」吸引。這也是因為其後代生存下來的可能性比較高。律師、老闆、知名企業員工……等等具有權威的職業，或是有錢人就會比較容易吸引女性，除此之外，舉止或服裝儀容高雅，或是對話內容令人感覺到「地位高」「好像是有錢人」，都能在不自覺中強烈刺激女性的繁殖本能，容易受到女性的喜愛（雖然程度不及女性，但男性也有相同的反應）。

因此，平常就好好注意儀容，讓別人容易歸因於你「似乎很有錢又很有教養」，是很重要的一件事。肌膚保養、做造型、指甲和處理體毛、肌肉鍛鍊、吃相等等，都和魅力有很大的關係。

有些人會說：「我不喜歡用外表來評斷他人，重要的是內在。」不過，別忘了那只是你的顯意識。潛意識占了所有意識的九成以上，即使是這種有所堅持的人，也會在不自覺間受到性感魅力、權威，或是能引發這些想像的因素吸引。

因此，請好好整理這些外在條件。

「萬人迷」的基本溝通法則

接下來要介紹的是和對方見面時該好好注意的原則，這些都是能讓大腦產生錯覺的溝通技巧基礎。具體的方法會在第三章介紹，為了恰當使用這些方法，必須確實了解背景知識。重點共有八項。

❶ 使用容易聯想的詞語

在第一章提過，大腦的特性之一是記憶與情感容易受到事前得知的資訊影響，有時甚至會因此而被改變。現在，我們就要利用這種特性，在對話中加入各種詞語，讓對方想起對你有利的記憶或情感。

人類的腦中存在著「意義網絡」。

這是一張「知識的巨網」，包括我們從出生到現在所學習到的所有事物。包含在網絡中的每個概念稱為「節點」，會與其他相關的概念連結在一起（關聯愈強，連結也就愈強）。因為有這些連結，在意義網絡上只要有一個節點因為某種資訊而活化時，與該節點連結的其他節點也都會活化（＝活化擴散，見圖）。

因此，當有人問「紅綠燈裡面表示『停止』的燈號是什麼顏色？」你腦中與「紅色」相關的事物（「蘋果」「草莓」等）也會強烈活化。接著，對方再問「試著說一種水果」時，回答「蘋果」的機率就會變高。

以此為基礎，你就能操弄對方的想法。舉例來說，如果你的目標是「約會」，可以在對話中加入「迪士尼」「電影」「男朋友」「女朋友」「紀念日」「心跳加快」等等容易連結到「約會」的詞語。重點在於不要直接說出「約會」。例如：

「迪士尼的飛濺山真的會讓人心跳加快耶。」

「下週是紀念日，因為是學校的創校週年所以放假。」

「我朋友的男朋友……。」

「我要自首，我今天身上只有一千塊，誰快請我吃飯。」

就像這樣，就算對話本身跟約會完全沒有關係也無妨，請自然地使用容易連結到約會的詞語。接下來，當你們討論到「去哪裡玩」，先前安排的詞語就會在對方的腦內開始產生連結。也就是說，你們明明只是在討論要去哪裡玩，對方的大腦卻會在無意識中開始浮現「迪士尼」「電影」，以及跟「男朋友」「女朋友」一起出去玩的場景，或是在外出地點被告白而感到「心跳加快」的情境。

如果事前還同時使用了「跟我」「兩個人」「一起」等等詞語，之後討論「去哪裡」時，對方也容易聯想到是「跟你」「兩個人」「一起」去玩。

如果想當場就帶對方出去約會，還可以再說「今天」「等一下」，讓對方看待約會的心情更輕鬆一些，並以「一下下」「先試試看」「一點點」等詞語讓對方便於聯想。

單詞的銘印和「你現在愈來愈睏」的催眠術不一樣，只要對方沒有意識到，就完全不會發現。在沒有防備且容易被大幅影響的無意識嵌入許多單詞後，對方的潛意識就會受到很大的影響，你也就能夠誘導對方的思考，促使對方在決定行動時一再想起你埋下的單詞。請在事前好好思考使用哪些單詞才能達到你的目標，準備需要的單詞，並嵌入對話中。

❷ 讓對方想像你要說什麼

請先閱讀以下兩段句子。

「一見鍾情真的很棒。」

「你有一見鍾情的經驗嗎？想像看看，你第一眼見到對方，心臟就用力跳了一下。不知道為什麼就是特別在意他。洗澡的時候，睡覺前，一個人獨處的時候總是想起他。就是這種感覺。」

讀完這兩段文字，你有什麼感覺呢？我想，後者應該更能讓人想像「一見鍾情」的感受。

人類的大腦在本質上無法區別想像與現實，因此，即使只是聽到實際上一見鍾情時會產生的情感，以及會採取的行動，就能得到跟一見鍾情一樣的效果。所以在對話時請注意下列三個重點。

①「想像一下」

直接跟對方說「試著想像一下」，或是詢問對方「須要想像才能回答的問題」，讓對方模擬體驗你希望他產生的情感。

「女生都喜歡花，你覺得是為什麼？」

（為了回答問題，對方必須思考自己為什麼喜歡花）

②減少選項（雙重束縛）

雙重束縛是一個很有名的心理技巧，舉例來說：

「你要不要跟我約會？」

這種邀約方式會讓人想到YES或NO的選項，因此對方可能會選NO。我們可以這樣問：

「你想去水族館還天文館？」

在「去約會的前提」下使用這種問句，容易讓對方認為選項不是YES或NO，而是水族館或天文館，對方答應去約會的機率也會升高。

這是非常實用的技巧，在各種網路報導和書籍中都有介紹，不過，雙重束縛的本質並不是這樣。

問問題時提出「水族館或天文館」這樣具體的選項，對方為了回答這個問題，就必須想像跟你在水族館或天文館約會，否則無法判斷哪一個比較好。因此，即使只是一瞬間無意識的想像，你也能藉著這個問題讓對方腦內出現你希望他做出的想像。這才是雙重束縛最厲害的地方。對方可能會意識到已經在腦內想像跟你約會的情境，也或許不會發現。無論如何，雙重束縛可以讓對方做出你希望他做出的想像，是非常有用的技巧。

所以，跟喜歡的人要到ＬＩＮＥ之後，只要說一句：

「感覺祐介會傳給我的貼圖不是可愛的，是有趣的那種。」

對方就會想像傳ＬＩＮＥ給你的情境，真的傳ＬＩＮＥ給你的機率也會變高。或是傳這樣的訊息：

「下週是我生日，可以送我時髦的禮物，或是寫情書給我當成驚喜。」

這樣，對方喜歡上你的機率也會變高。

③常常使用充滿情感的詞語

平常就多使用「心跳加快」「怦然心動」「很開心」「很療癒」「很舒服」等充滿情感的詞語，可以造成活化擴散的效果，在對方開始想像時，就容易與這些詞語產生連結。因此，平常請不要使用負面情緒詞（例如「火大」「討厭」「很煩」等等），要經常使用積極與讓人聯想到戀愛的詞語。

❸ 隱藏你的好感

人類的大腦不太會把不確定的事物放著不管。

舉例來說，在電視的猜謎節目看到「鳳梨釋迦」這幾個字，謎題是「這是什麼水果？」這時，即使節目沒有公佈答案就進入廣告，我們應該也會等到廣告播完，節目揭曉謎底，或是自己在網路上搜尋答案吧。

即使沒有看到謎底就把電視關掉，這幾個字也會留在你的腦中。當你再次看到「鳳梨釋迦」時，自然會開始思考「鳳梨釋迦到底是什麼」（順帶一提，鳳梨釋迦的鮮搾果汁真的很好喝，是我最愛的果汁第三名，請各位有機會務必喝喝看）。

像這樣，把「不知道答案」的狀況放著不管，就能讓我們在潛意識中想要知道答案，或是在看到相關事物時想起它。

這項大腦機制也可以應用在戀愛中。對喜歡的對象隱藏自己的喜愛，藉由讚美對方，和對方暢聊，使對方對你產生好感，對方就會想知道你到底是不是喜歡他。如此一來，他想起你的機率自然就會變高。如此，會在對方腦內引發單純曝光效應，對方也會更容易喜歡上你。而且，對方會試圖找到想你的理由，也容易引發錯誤歸因，認為「我之所以一直在想你，一定是因為喜歡你」。

由此看來，我們常聽到「如果喜歡一個人，就應該正面大聲說出來」其實是完全錯誤的策略。如果對方知道你喜歡他，他就會得到「你喜歡他」這個明確的答案，想到你的機會會減少，也比較難真的喜歡上你。應該一直表現「喜歡」的時機，只有對方似乎已經喜歡上你，或是對方對你還完全沒有印象的時候。

此外，「隱藏好感」的意思並不是要「對對方冷淡」或是「做出好像討厭對方的行為」，請務必注意。因為這樣可能會讓對方產生如下的想法：

（那個人對我很冷淡。）

（為什麼？）

（我會一直想起他。）

（我一直因為他而覺得煩惱，是因為我討厭他。）

或許會因為對方的錯誤歸因，而造成負面結果。

正確的方法是「做出對喜歡的人會做的事，同時也做出對既不喜歡也不討厭的人會做的事」。

例如：讚美對方

↓對方會覺得「也許你喜歡他。」

↓但是你也讚美了別人，對方知道了，就會忍不住想「也許你不是真的對我有興趣，但是……」，不知不覺間就開始想你到底是不是喜歡他。

可以讓對方隱隱約約知道你對他有好感，但直到確定對方也喜歡你為止，都不要讓他知道你喜歡他。

❹ 別把一切全說出來

前一項說明了戀愛基本上「不要讓對方知道比較好」，這種「不要讓對方知道比較好」的原則，也適用於戀愛以外的情況。

舉例來說，像是這樣的對話：

「彩香妳有種不可思議的魅力耶！」

你讚美了對方，這時，如果對方問你：

「不可思議的魅力是什麼意思？」

你可以含糊帶過：

「嗯……我也不知道該怎麼形容。」

如此一來，對方就會十分在意「不可思議的魅力到底是什麼」，而且會很想知道答案。如此一來，就能讓對方在無意識中思考「你到底是基於什麼想法才會說出這句話」。

你也可以在LINE上寫：「我有事情想跟你說，但是用打的會太長，下次見面再說吧！」

或是像這樣：

「你猜這裡是哪裡？」（給對方看手機上義大利的照片）

「咦？是哪裡啊？是外國？美國嗎？」

「不對，猜對我給你一百萬。」

「這麼難嗎？咦……會是哪裡啊？」

「最近都沒出國，好想出國喔，你會想去哪個國家？」

在一般對話裡給對方出個謎題，也是很好的方法。沒告訴對方正確答案就改變話題，就能引起對方想知道答案的心情。

還有，不要一直即時回覆ＬＩＮＥ或訊息。回訊息的時機太晚，可能會讓對方覺得「你很沒禮貌」。不過，當對方跟你在ＬＩＮＥ上聊天，對方送出訊息後就會處於等待回覆的狀態。當然，如果對方傳個貼圖就結束對話，又是另外一回事。但當你應該回覆，即使你的答案對對方而言根本無所謂，甚至對方對你並不怎麼有興趣，你還是能夠讓對方在潛意識中產生「好想好好結束對話」「我問的問題他沒有回答，好不舒服」等情緒。如此一來，在收到你的回覆之前，對方很容易在潛意識中想到你還沒回ＬＩＮＥ，也就可以藉此讓對方想到你。這種「不是不告訴你，但是晚一點再告訴你」也是很有效的方法。

※註：很多人都說自己「喜歡立刻就回訊息的人」，但這是因為對方立刻回訊，解決了未結束或不確定事項帶來的滿足感。不過，這種滿足不代表對方會喜歡你。而且得到滿足可能會減少對方想到你的時間，這才是個大問題。

⑤ 緊張與弛緩

相信很多人都認為，想讓對方產生好印象時，應該透過「讚美」「一起笑」「送禮物」等行為，讓對方產生正向情緒，進而產生好感，但這個只有一半是正確的。正確的部分是「當情緒轉向正向，對方會對你產生等同於情緒幅度的好感」，也就是說，重要的不是「最後你做了能讓情緒變得多好的言行舉止」，而是「你讓對方情緒改變的幅度有多大」。

從這一點，我們可以發現，光是讓對方從負面情緒回到一般狀態，也能讓你在對方心中產生好印象。事實上，每次考試都考九十分的好學生即使這次也考了九十分，旁人也只會覺得「這很正常」，不會讚美他考了高分。然而，因為順手牽羊而被抓的不良少年被老師罵過後改過自新，或是平常都不及格的學生這次考了六十分，你會對哪一邊產生好印象呢？若以絕對值來評論，絕對是好學生比較優秀，然而，會使你印象深刻，也能讓你產生正向情緒的，應該會是改過自新的不良少年。

若各位能理解這一點，應該就能了解，即使在「太過害羞無法表示好感」或「相處的情境太過嚴肅很難開口追求」等狀況下，你還是能夠巧妙讓對方的情緒產生起伏，讓對方對你有好印象。

已讀不回就是一個很好的例子。已讀不回之後過了很久才回，是一種扣分行為。但只要時機掌握得好，就可以藉由回覆讓對方感到安心，使對方的情緒轉為正向。

若要在平常的對話中使用這一招，建議試著說出「無法立刻就理解的話語」，例如：

「妳要紅巧克力嗎？」

「紅巧克力是什麼？」

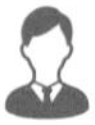
「弄錯了，哈哈，是黑巧克力啦！」

乍看之下，這段對話既不正向也不負面，但事實上，當對方因為「紅巧克力」這個詞而有一瞬間感到疑惑時，他的潛意識已經半自動思考，企圖理解這個詞的意思，也就是大腦已經感受到些微的壓力（也就是緊張）。之後，當他理解了意思，剛剛的緊張就解除，情緒也會放鬆（弛緩）。

這個「緊張到遲緩」的情緒落差，會讓對方無意識中對你產生好感。仔細想想這段對話並不特別有趣，但會因為這樣的對話而笑出來，就代表對方已經從緊張狀態中放鬆下來了。

日本搞笑藝人狩野英孝之所以會讓大家印象深刻，這也是其中一個原因。他總是會說錯一些奇怪，或是意義不明的話。搞笑藝人有吉弘行容易給人留下印象也是一樣的原因，他藉由製造一些從來沒人聽過的新詞，例如「長舌大混蛋」等等，不但容易爆紅，還會讓人在聽到的瞬間忍不住開始思考它的意義和結構，讓觀眾動起腦來。

緊張與弛緩並不是一直都和戀愛感綁在一起，但當人的情緒有所改變，就容易留下印象，若希望對方能自然對自己有好印象，平常請好好注意這一點。

❻ 替對方做些事

人在收到對方給予的好處時，就會在潛意識中產生想給對方回報的情感。

想想你的人際關係，應該就很容易理解。基本上，你通常也會喜歡對你有好感的人，不喜歡對你有敵意的人。這是用「喜歡」回報「喜歡」，用「討厭」回報「討厭」的例子。

那麼，該如何讓別人覺得「想要喜歡你」呢？方法是平常就持續對以「禮貌」「體貼」「溫柔」的態度待人。即使對方一開始對你沒有好感，若持續以這種態度對待對方，對方往往也會在不知不覺中對你產生好感。

因此，請提醒自己，即使是小事也可以，請替對方做些事。例如：你可以從微笑打招呼，在對方感到困擾時問他「還好嗎？」以及發現對方的優點就誇獎等小事做起。附帶一提，我的包包裡平常就有一個化妝包，裡面放有OK繃、面紙、印泥、原子筆、護手霜、充電線、喉糖等等，如此一來，就很容易幫上別人的小忙。

除了你想表達好感的對象，對任何人都養成樂意幫忙的習慣，會讓你與喜歡的人接觸時也能自然地幫忙，建議平常就養成這樣的習慣。

❼ 讓對方為你付出

「讓你喜歡的人為你付出」，若這點做得好，對方就會主動接近你。聽起來或許難以置信，但我舉個例子，如果你現在消失了，你的父母會有什麼感覺？

盡心盡力養大的心愛孩子不見了
↓精神上極度痛苦，無法緩解
↓非常想你，強烈希望你能回來

結果應該會是這樣。這是因為你的父母為了你持續勞心勞力，花費時間和金錢以及充分的愛來養育你。同樣地，若是你喜歡的人能為了你持續付出成本，對方就會產生「不想失去你」的心情（之後會解釋具體的方法）。

接下來，我會以大腦進化的觀點解釋「讓對方為你付出」為什麼會有效，原因有以下兩點。

①損失規避本能（生存本能）

在狩獵採集時代，失去糧食就等於面臨死亡風險。因此，人類的本能為了適應環境，會在無意識中厭惡「失去」。

此外，花費愈多的成本在一樣事物上，在受到損失時，人類的大腦愈會覺得損失重大。當投注的成本日漸增加，「不想失去」的感受也會越來越強烈。因此，當對方為你做了許多事，且規模愈來愈大時，對方就會感到「不想失去你的好感」「不想讓我們的關係惡化」，進而主動接近你。

這是因為人類無法違抗在進化過程中學習到的本能。

②一致性（生存本能）

人如果用顯意識判斷認知到的所有事物，就會花太多時間和能量在思考和判斷上。在隨時可能被外敵襲擊的狩獵採集時代，思考與判斷必須盡可能快速完成，且確保糧食充足也是很困難的工作，因此會盡可能節約能量。

所以，人類大腦的潛意識已經進化成喜歡具有一致性的事物（一致性指的是具有持續性或是均衡性）。也就是說，即使我們沒有在顯意識思考，也會無意識中判斷具有一致性的事物是好的。

因此，讓對方付出各種成本，對方就會在潛意識中感到「維持一致性是件好事」，甚至「想為你付出更多成本（幫你做更多的事）」。如果對方還是可能成為戀愛對象的異性，往往會將這種情感歸因為「因為喜歡你，所以才會常常想替你做些什麼」。

理解以上內容之後，相信各位都已經明白，若想讓對方喜歡上你，「讓對方為你做些什麼」是很重要的一步。

那麼，具體來說要讓對方做些什麼呢？讓對方為你做些什麼才好呢？以下是幾個具體案例。

〈讓對方花錢〉

・讓對方請你喝飲料。
・讓對方送你 LINE 貼圖。
・推薦對方書或 App，讓對方自己購買。
・跟對方講電話講很久（要付電話費的情況）。
・要求對方送你生日禮物。

- 一起學習某樣才藝或技能。
- 一起去遠方玩（要花車票等交通費）。
- 讓對方在約會時付錢（平分之後至少讓對方多付一點點，或是讓對方出零錢）。

〈讓對方花時間〉

- 談話。
- 讓對方幫你做作業。
- 去廁所時請對方幫你拿包包。
- 你很忙時讓對方幫你買東西。
- 準備一起外出時讓對方到你家附近來。
- 讓對方幫你查資料後傳網址來。
- 讓對方陪你買東西。
- 約會。

・同居。

〈讓對方付出情感〉

・常常在LINE上聊天。
・聽對方述說回憶。
・讓對方深入了解你。
・推薦書籍，彼此討論感想。
・讓對方找你商量（之後關心事情有沒有順利解決）。
・讓對方借你錢（讓對方記得你必須還他錢）。
・讓對方寫信。
・跟對方交往。
・和對方接吻。
・讓對方向朋友或家人介紹你是他的交往對象。

・和對方吵架然後和好。

這些行動都可以讓對方花費金錢、時間與情感在你身上。這些只是部分例子，事實上，就算是可以輕易完成的事也很有效果。請設法讓你喜歡的對象持續「為你付出」。

當對方習慣了簡單的小事，就可以漸漸讓他為你付出「更大一些的成本」。這會引發「依賴」或「執著」的現象，這種現象會在多次刺激人類的本能時出現，具有相當強的效果。

持續讓對方為你付出成本，他應該會開始覺得「想繼續跟你的關係」「不想失去跟你的關係」。

❽遵守規則❶～❼

最後，徹底實踐以上介紹的內容也是很重要的一點。

這些技巧可以讓對方光是看到、想到你，就能產生好感，就像是條件反射一樣。當我們想像檸檬或酸梅，口中的唾液就會增加。這是因為我們從小就反覆體驗「吃了檸檬或酸梅，感覺到酸味，口中分泌唾液」的生理反應。同樣地，如果有一個人每次跟你相處都產生好感，日積月累之後，只要看到你或想到你，就會開始產生好感。

這種情形不斷發生，會讓對方在潛意識中理所當然地感覺到「一看到你就很開心」，且開始產生一致性，由於條件反射，這種情感會愈來愈固定。

以上是讓對方的大腦產生錯覺，讓對方愛上你的前提條件與基礎。許多讀者會跳過這些前提，只想知道具體的方法，不過，若不了解這些背景，就無法在行動時臨機應變，甚至可能出現令人遺憾的結果。

因此，本章花了較長的篇幅介紹這些背景知識，若各位已經確實閱讀並理解，相信應該能成功使用下一章介紹的「讓對方對你產生好感的具體行動」。請帶著自信開始閱讀下一章。相反地，若您是跳著閱讀，建議還是翻回去重新閱讀這一章。

Chapter 3

讓對方大腦產生錯覺，對你產生好感的具體行動

前一章說明了我們能用什麼邏輯驅使別人的大腦運作，以及平常要用心維持的心理準備與行動指南。接下來這一章中，我將按照順序介紹在各種狀況下應該採取的行動，並分為三個部分講述方法論：「視線與注意力的規則」「相識後跟喜歡的人見面時該做的事」與「相識後跟喜歡的人沒見面時該做的事」。請務必參考本章的說明。

視線與注意力的規則

首先，我要說明喜歡的人就在眼前時，你該如何控制視線。請在你與對方相遇前、相遇後，配合從一對一相處到一群人相處等各種情境，遵守以下的規則。

❶ 不要時時偷看對方（從相遇到變熟為止）

即使你心中在意的人就在附近，也不要時時偷看他。這一招對男性和女性都有效果，其中又以男性使用時特別有效。

各位男性是否都有跟可愛女孩擦身而過時轉頭偷看一眼的經驗呢？這是繁殖本能運作的結果。人類的大腦會把將自己的基因傳下去當成第一優先事項，因此若看到有魅力的女性時，就會自然而然地產生反應。

雖然程度不如男性，但女性也有一樣的反應。男性的這項本能之所以會比較強，是為了提高將自己的基因傳下去的機率。懷孕的女性理所當然知道孩子是自己的，但男性卻無從得知。也因此導致男性為了提高自己孩子出生的機會，無意識中產生比女性更強的「生子」欲望。請先理解不論是男性還是女性，見到有魅力的異性都會想多看一眼，這是來自生物繁殖本能的自然反應。

我們會不由自主地偷看有魅力的異性，這也就代表有魅力的人平常就會被異性一直盯著看。剛剛已經說明過，男性就是會在無意識間盯著女性看，也就是說，女性平常就一直承受著男性的視線，甚至被看到心生厭煩。

因此，若你是一個有魅力的人，當某個人一直盯著你看，就代表這個人也是眾多明顯對你有興趣的人之一。所以，請一定要徹底遵守「無論是多可愛的女孩，擦身而過時也絕不回頭看」「即使眼前有超級大帥哥也不盯著看」這條守則。

魅力強到平常就會被偷看的人，潛意識中容易被不會盯著自己看的人吸引。若能在認識不久後就讓對方覺得「基因上這個人很有魅力」，就是一個完美的開局。

❷凝視一～二秒（變熟到某個程度以前）

也許會有人覺得這一項的內容與前一項矛盾，但這裡的意思其實是「平常提醒自己，絕對不要主動看對方」，但同時也要在「四目相交時不別開視線，凝視對方的臉」。這個世界上偷看別人的人很多，但會凝視他人的人卻很少。事實上，各位會積極對上視線的對象也只有家人、情人、好友等等相當親近、令人感覺安心的人對吧。

這是適合在第一次見面或變熟之前使用的好方法，但是，要盯著還不熟的人的眼睛看，可能會令人感到害羞。不過，請試著堅持一～兩秒鐘，如此一來，對方的大腦會對四目相交的理由做出錯誤歸因，也容易對你產生潛在的親近感。

在顯意識層面，對方也會產生如下的想法：

「他為什麼看著我……？」

「我是不是認識他？」

「他喜歡我嗎？」

對方的腦中會開始思考你為什麼會盯著他看。

一般來說，我們會在腦中想某個人的理由，通常只有喜歡他或討厭他兩種。因此，對方有可能會做出這樣的歸因：

（咦，我是因為在意這個人，所以才在想他的事嗎？）

不過，如果你在對方心中是負面印象，他的大腦也有可能會把想著你的理由歸因為「因為你很噁心」這種負面評價，因此，跟對方四目相交時，最好「微笑」或「點頭」，視情況還可以「揮手」，藉此避免負面的錯誤歸因。這些行動不僅可以避免負面的錯誤歸因，還可以大大提高正向錯誤歸因的效果。

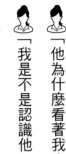

此外，也建議問一句「怎麼了？」或是「我之前沒有發現，原來你的眼皮是內雙」等等，別有深意且讓對方容易深思的話。前面的章節已經介紹過「別把一切全說出來」「製造不確定因素」的好處了，而這些「別有深意的行為」包括「為什麼你會對他揮手」「你的笑容是什麼意思」等等，都能在對方心中製造一個沒有答案的問題，誘導對方思考解答。

無論如何，你一定要自然地做出讓對方思考你這個人的行動。如果太過緊張，或是臨時見到面時，很難臨場想出點子，就在事前決定好該如何應對，並冷靜實行。例如在四目相交時露出微笑說：「嗯？怎麼了？我是第一次見到你吧？我是大樹，你呢？」

③ 對上眼三～四次中有一次把眼神移開（稍有交情後）

沒有跳過前面章節的你，應該已經做到①和②介紹的：

- 四目相交。
- 視線對上時，不要轉開臉，堂堂正正地凝視對方一～二秒。
- 露出微笑或點頭，說一些別有深意的話。

對方開始對你產生潛在的好感，或許還不到戀愛的好感，但至少已經是正面的印象，在這個階段，當你開始「偶爾移開眼神」，對方就會產生沒有答案的潛在疑問：

（發生什麼事了？）

（為什麼她會把視線移開？）

（她討厭我嗎？）

一般人如果被自己不討厭的人討厭，會非常在意這件事，並很想知道原因。在想知道原因的過程中，對方會想著你，而且可能會把想著你的理由歸因為「喜歡你」。

對感情好的人刻意表現出不感興趣的樣子，或許會讓你感到抱歉，但請不要注意過程，須要注意的是目標與結果。如果不做這件事，你跟對方的關係很可能不會有進展。做了這件事，雙方關係就會變得更好，讓對方幸福的可能性也會變高。如果無法採取行動，那只不過是你的腦在無意識中想要偷懶，所以在找藉口而已。請不要輸給自己，拿出勇氣嘗試看看。

❹ 在超近距離盯著對方看（更熟以後）

當你使用了前面章節介紹的行動，跟對方變熟到某個程度之後，請開始試著在超近距離盯著對方看。如果在變熟之前就在超近距離盯著對方看，對方恐怕會立刻報警，但當一個有好感的對象盯著你看，你不但會思考他盯著你看是什麼意思，還會在無意識中想像之後的發展，也更容易注意對方。

這是因為我們小時候都受過這樣的銘印影響。從知名的童話故事到連續劇、電影、漫畫跟小說，都有這樣的場景：接吻前兩人會在超近距離凝視彼此。相信各位也都看過非常多次。因此，有人用超近距離凝視你的臉時，大腦會在無意識中產生記憶連結，告訴自己「凝視→接吻」，也因此容易觸發戀愛情感的錯誤歸因。

不過，對許多人來說，要在超近距離盯著對方的臉看，實在非常不容易。在這裡，我建議利用「不自然的沉默」。你可以試著利用不知道該說什麼，因而陷入沉默的時間點，或是在對話中突然不說話，故意製造出沉默。接著，若能像接下來的例子一樣，在製造沉默並凝視對方雙眼時，巧妙地對「沉默」或「凝視對方的理由」進行認知框架重構，就能正當化凝視對方雙眼的理由，因而減少了會造成令人害羞的結果。

不知道該說些什麼，陷入不自然的沉默

↓光明正大地盯著對方的臉看一～兩秒鐘，輕輕笑出來，說：

「剛剛我才發現，梨沙妳跟我一樣，也不太會溝通呢。」

（說出彼此相似的地方，讓對方感覺到親近）

或是這麼說：

「加奈跟別人在一起但又什麼都沒做時，會覺得開心嗎？像我們剛剛那樣，總覺得感情變好了，真好！」

（利用「感情好的人就算是陷入沉默也很開心」的認知，重新建構對方的認知，讓對方覺得你們不是因為尷尬才陷入沉默，而是因為彼此合得來）

其他還有：

「那個啊……妳有眼屎喔。」

「（驚慌）咦？」

「騙妳的啦，小愛妳的眼睫毛好長喔，不知不覺就盯著看了。」

（把沉默的理由重新建構為「發現了某件事」）

許多人都討厭尷尬的沉默，因為他們會覺得是自己的溝通能力不夠才發生沉默。不過，在一對一的溝通時，感到尷尬的並不是只有你，對方也會同樣尷尬。因此，我們可以很輕易地將尷尬的原因歸到對方身上。陷入尷尬的沉默時，如果你表現得很尷尬，對方的大腦很容易會認為「是你不會溝通」，而當你光明正大地看著對方的眼睛，對方就比較容易把這股沉默當成「自己造成的」。

因為你製造出的「沉默」與「凝視」，對方必須理解或解決這個有不協調感的狀況，大腦也會在無意識間提高注意力與緊張度。因此，當你在這個時間點做出別有深意的行動，會更容易在對方心中留下印象。也就是說，當你的行動緩解了對方的緊張，對方就容易將腦中「緊張↓弛緩」的情緒變化理由，解釋為「因為喜歡你」「因為跟你在一起很舒服」，也就是對你有好感。

因此，就像在超近距離凝視對方，再留下正面印象一樣，建議你先決定「凝視並陷入沉默後，要說些什麼（如何表現）」，事前做好準備，在陷入沉默時才能隨時實行。

❺ 一開始先把注意力放在其他人身上（一群人在一起時）

一群人在一起時，請先把注意力放在「其他人」身上。具體來說，請把注意力放在「這個場合的中心人物」身上。

接下來，我會用兩個情境來說明這麼做的理由。

① 一開始就和你在意的人說話

你不在意其他人，積極向喜歡的對象搭話

↓周遭的人可能會發現你喜歡那個人。

↓如果也有其他人喜歡對方，可能會阻撓你。

↓對方也會下意識不希望他人以為你們很親密，有可能因此歸因於對你的負面情感。對方會因為不希望別人以為你們很親密，而開始在意周遭的眼光，甚至閃避你。

↓可能無法順利接近對方。

②先和中心人物說話，而非喜歡的對象

找出該場合的中心人物，讓他和你一起炒熱氣氛

↓由於「社會認同」機制，你喜歡的對象會認為「你和中心人物一樣有魅力」。

↓之後再跟對方搭話，對方也會想要跟你說話，而且你在這個場合的中心，也就是說，就算周遭其他人看到對方跟你說話也無所謂，你們可以自由地交談。

↓可以順利接近對方。

其實，魅力並不是一種絕對值，而是相對值。只要在團體中是相對優勢，你看起來就會有魅力。

人為了把自己的基因流傳下去，會經常在無意識中尋找自己的伴侶。然而，如果我們只會喜歡自己一定能接受的人，將永遠無法留下子孫，基因也很可能就此斷絕。我認

為人類的大腦是為了避免這種情況，才調適成以相對方式來衡量別人的魅力。

無論如何，一群人在一起時，如果你想引起喜歡對象的注意，就必須處於話題的中心，或是從中心看出去很有魅力的位置。以下是我常常使用的方法。

找到這個場合的中心人物，向他搭話並炒熱氣氛
↓誘導話題，讓你可以掏手機出來給大家看照片（例如：討論旅遊↓給大家看照片）。
↓眾人會因為想看照片而擠過來看你的手機。
↓在你喜歡的對象也想看時，告訴他「要照順序」。
↓潛在地輕微打擊對方的自尊心。
↓在話題中心的你看起來就會相對更有魅力。

此外，還會產生這種效果：

↓因為遭到禁止所以更想看（遭到禁止後，潛意識會讓這筆資訊留在大腦中，為了想填補不確定資訊的空白，對方會更想知道）。

↓想看、想知道，這種對「資訊」的渴求，只有讓他看照片時才能滿足。也就是說，這種想獲得、想知道資訊的情緒，會在潛意識中歸因為對你的情感，對你的需要也會提高。

↓在對方需求提高的狀態下，再讓對方看照片。

一群人待在一起時，在你對喜歡的對象使用本書介紹的溝通方法之前，必須先走到人群的中心，成為中心人物喜歡的對象，同時也是話題的中心。請在你所在的位置炒熱氣氛，誘導周遭的人，讓他們感覺到自己的魅力。如此一來，你喜歡的對象也會自然地感覺到你的魅力。

6 單純享受當下（一群人在一起時）

在第二章「『萬人迷』的基本思考」中已經說過，萬人迷跟一群人在一起時，不會把注意力放在喜歡的人身上，而是單純地享受當下。剛剛也說明過，當你做了其他人不做的事，反而會變得很顯眼，這也是一種讓異性感覺到「你與眾不同的魅力」的方法。

相信各位也有這樣的經驗。

- 在KTV會唱能給異性好印象的歌，而不是自己喜歡的歌。
- 平常不會幫人分菜，一起喝酒聚會時卻會表現自己的體貼替大家分菜。
- 在學校上課時故意舉手回答很難的問題。

這種人愈多的場合，也就代表周遭的人愈想吸引異性的注意力。而你卻單純地享受當下，那麼你就會成為「和其他多數人」不一樣的人。

- 在KTV認真唱自己喜歡的歌，或是可以炒熱整場氣氛的歌。
- 喝酒聚會時好好享受料理、美酒和對話。
- 認真上課，享受學習知識的過程。體育課不要顧著耍帥，而是認真踢足球、打籃球。

請試著回想當你覺得某位異性有魅力的瞬間，多半都是跟朋友開心聊天時，認真唸書或參與社團活動，或是認真工作時，對吧？也就是他或她自然行動的某個瞬間，打動了你的心。相反地，刻意想攻陷異性的人，總是會在負面意義上引人注目（出乎意料地很容易被發現），看起來很蹩腳。

因此，請好好享受當下。周遭的人愈在意異性，你就愈該徹底地單純享受聚會。

跟喜歡的人見面時該做的事

接下來主要介紹的是視線，從這一章節開始，會以一般的「戀愛技巧」，也就是積極讓戀情發生的具體手法為主。不過，通常立刻就使用這種手法的人，都無法真正運用這些方法，戀愛之路也不順利。但你已經確實了解知識基礎，接下來要介紹的具體方法將會成為你的強力武器。

❶ 自我介紹要用充滿感情的詞彙

許多人自我介紹時通常都是以下這種風格。

「我叫阿健，今年二十七歲，老家在長野，目前在貿易公司任職。

興趣是重訓跟看足球，請多指教！」

其實，這種自我介紹的方式不太好。如果對方恰巧跟你同年，或是同樣地方出身，擁有同樣的興趣，或許就能開展話題，但如果沒有這些巧合，彼此間的發展性就很小。

接下來來看看該怎麼做才能讓對方產生好感。

「我叫阿健。
最近喜歡找一間舒服又有氣氛的咖啡廳，開開心心地帶著書或筆電待一整天。
我也喜歡好喝的果汁，如果店裡有很多果汁，挑選的時候就會很開心，真的很幸福～」

乍看之下，這也是毫無特色，非常普通的自我介紹，然而事實上，以上的內容可以一口氣提昇對方對你的好感度。這是因為上述的自我介紹塞滿了許多與情緒相關的資訊，可以向對方暗示「你＝好感」。

「最近喜歡做的事是找一間舒服又有氣氛的咖啡廳，開開心心地帶著書或筆電待一整天。

我也喜歡好喝的果汁，如果店裡有很多果汁，挑選的時候就會很開心，真的很幸福～」

大腦為了理解對方所說的話，必須將對方說的話讀進腦內，想像一次。因此，如果對方有認真聽你的自我介紹，就會模擬體驗在咖啡廳點果汁時開心的情緒。只要想到這一點，就會在無意識中也想起說這句話的你，你所介紹的情緒會在對方心中跟你的記憶重疊在一起。

不僅如此，用介紹情緒的詞促使對方想像，還會讓對方想要回應你的話。

第一章說明「記憶機制」時提過，舉例來說，當對方心中有相關的記憶或印象，就會在無意識中想起來，例如：

（我去有很多花果茶可以選的店時，也會不知道該點什麼）。

（同時有熱帶水果茶跟荔枝茶時，就會不知道該如何選擇）。

還可以進而引出對方的回覆：

「去菜單選項很多的店時真的很開心耶！我前幾天也去了有很多花果茶可以選的咖啡廳，好難決定要點什麼！」

若能在初次見面時給人好印象，將會是戀情向前邁進的一大優勢。這種自我介紹不但可以讓對方對你產生好感，還可以讓你們有話聊，請一定要試試看。

2 用名字或只有你使用的綽號稱呼對方

名字只代表你這個人，許多人從小就是被親朋好友以名字來稱呼，因此會對自己的名字產生依戀。會去掉姓直接叫你名字的人，一般就是父母、男女朋友或好朋友而已。因此，當你直呼對方的名字，很可能會讓對方的大腦在潛意識中認為「直呼我名字代表這個人跟我很親密」，而將其歸因為好感與親近感。若想讓對方喜歡你，請盡早直呼對方的名字，而不是姓氏。

此外，用綽號來稱呼對方也很好，尤其是取一個只有你會用的綽號，那就會成為對方獨一無二的小名，容易在對方的心中留下印象。擁有只有你和對方使用的詞語，會讓對方更容易在潛意識中把你當成「特別的人」。

順帶一提，我有一個男性朋友喜歡幫女性取和可愛動物有關的暱稱，例如「倉鼠老師」。先不管他的品味如何，這一招確實巧妙。因為幫對方取了這樣的暱稱，日後就更容易做一些把對方當成動物的親暱動作，例如半開玩笑地輕摸對方的頭。

如果是女性，也同樣適用這個方法，例如可以幫一位背肌發達的男性取個「背肌哥」的綽號，偶爾用這個綽號來喊他。如此一來，就可以更輕易找藉口做出摸對方背肌等身體接觸，也更容易被歸因為有好感的對象。

不須要一直喊幫對方取的綽號，平常可以直呼名字，偶爾開玩笑時再喊綽號。請務必試著幫在意的人取一個專屬於你的綽號。

③ 給對方特殊待遇

一般來說，人會覺得自己比一般人優秀。

對於「你認為自己的知性能力與知識水準比平均更高嗎？」這個問題，在不刻意謙虛的前提下，約有九十五％人會回答「是」。人類會覺得自己是故事的主角，用自己的眼光去看一切事物，因此通常會在無意識中覺得自己是特別的。

因為人有這樣的心理，因此給對方特殊待遇，就能讓對方在無意識中覺得「你很了解他」而產生親近感。這裡所說的特殊待遇只須要在平常的對話中加一兩個詞語就能製造出來，例如：

「因為是你我才會說出來。」

「你很好聊，不知不覺間就講出來了。」

「我沒看過像你一樣 Excel 表單做得這麼快的人。」

「我不覺得跟美咲妳是初次見面。」

「我想如果是千尋，可能會知道。」

「沙紀妳真厲害，別人可做不到。」

過著普通生活的人，很少會受到特殊待遇。因此，受到特殊待遇時就容易在潛意識中留下印象。請給你喜歡的人一些特殊待遇，從小地方開始增加親近感與好感。

④ 使用許多具體詞彙

在對話中加入許多具體詞彙，大致上有兩個好處。

首先是第一個，這些詞彙可以讓對話變得比較熱絡。

「我今天在池袋喝了越南產的百香果汁，超級好喝！」

當你這麼說，就會活化對方記憶中的「池袋」「越南產」「百香果」等詞語，可能發展出以下的對話。

「這樣啊，你常常去池袋嗎？（我上個月才去那裡買衣服）」

「這樣啊，越南的水果真的很好吃耶！（我有在超市看到越南的冷凍荔枝）」

「這樣啊，你選了百香果汁，這很少見耶！（熱帶水果真的很好吃）」

對方在腦內想起了與你的發言有關的經驗，彼此的對話也比較容易熱絡起來。

還有一個優點在於，**可以藉此在對方的記憶中強力植入關於你的印象，讓對方更容易想起你。**如果對方平常不常使用「池袋」「越南產」「百香果」等詞語，就沒有其他的聯想對象，更可能在每次聽到這些詞語時就想起你。當然，如果對話內容正向積極，這種正向的印象就會和你的印象重疊，也很有可能提升對你的好感。

附帶一提，我自己實際上使用的具體詞語中，最好用的是「經常會想吃的食物」和「經常想去的地點」，例如：

「突然好想吃滋露巧克力，不知道咖樂迪有沒有賣。」

「我去了泰國的考山路，在路邊吃了太多炒河粉，真糟糕。」

建議事先想想對你來說有利的詞語有哪些，實際對話時才能更方便運用。

⑤ 正確選擇符合目的的談話主題

在對話時，主題的選擇非常重要。因為主題會決定你是否能夠達成目的。在這裡，我先假設你的目的是「跟對方變熟」「讓對方產生好感」。

你有沒有這樣的對話經驗呢？

「妳的工作是什麼？」

「我是護理師。」

「護理師啊……感覺很辛苦。」

「昨天的足球比賽真有趣……」

「嗯……」

這兩者都是對話主題選擇不佳的案例。因為聽

■ 想跟對方變熟→容易聊到深入的一般話題

- 最近喜歡做的事
- 平常放假都在做什麼
- 印象深刻的旅遊經驗
- 家人的話題　等等

■ 希望對方對你產生戀愛情感→與戀愛有關的話題

- 關於前男友、前女友
- 喜歡的異性類型
- 幾歲想要結婚
- 看過的愛情電影感想　等等

到這樣的話語，對方不會對你產生「這個人跟我關係不錯」「我喜歡這個人」的感受。如果只是用想到什麼就說什麼的方式「閒聊」，對方剛好也對同個話題有興趣的機率很低，你也會一直無法提高對方喜歡你的機率。

那麼，我們該怎麼辦呢？

如果目的是「跟對方變熟」，建議深入探討只會和感情好的人討論的話題。當你和對方熱烈討論這類話題，就能讓對方錯誤歸因為「能跟這個人聊到這麼深，我們的感情應該不錯」。

如果你的目的是「讓對方對你產生戀愛

情感」，就必須跟對方深入討論情人之間才會討論的話題，藉此讓對方產生錯誤歸因，認為「跟你聊只有情人之間才會聊的話題還這麼開心，我們應該是情侶關係」。

「印象深刻的旅遊經驗」「家人話題」等一般話題，無論跟誰聊都不奇怪。不過，深入挖掘這些話題，就能發展到「只會跟熟人聊的主題」。一個人可能會和許多人分享自己去了哪裡旅行，但能夠聊旅遊細節的對象就沒那麼多了。還有，「小時候跟母親的回憶」應該是老朋友或情侶之間才會聊的話題。因此，這些主題可以讓對方更容易在腦內把你歸因為「好朋友」或「情人」一般的情感對象。

直接討論「前男友、前女友」或「幾歲想要結婚」等戀愛話題，能讓對方更直接且容易對你產生戀愛情感。事實上，即使是感情不錯的異性朋友，也幾乎不會聊這種話題，會聊這類主題的都是男女朋友、曖昧對象或同性朋友。因此，只要你是對方喜歡的性別，跟對方聊這類話題，就能讓對方的大腦產生錯誤歸因，認為「都討論到結婚話題了，我應該是喜歡這個人」，因而產生對你的好感。

不過，有些人可能會覺得「難以開口聊這種話題」，以下介紹兩個巧妙展開這類話題的訣竅。

第一個是「錯誤的認知」，例如：

「我玩得最開心的旅遊地點是台灣，大輝應該是義大利吧？」

「不，我沒去過義大利啊，妳怎麼會這樣想？」

「咦？好意外，你很時髦，感覺都是在米蘭買的衣服。」

「我才沒有那麼有錢啦，以前去過海參崴還滿有趣的。」

人類的大腦為了保有正確的記憶，在發現錯誤資訊時，就會十分注意。例如有人對妳說：

「阿梓妳喜歡年紀小的男生吧？」

如果你並沒有特別喜歡年紀比自己小的男生，就會忍不住否認，或是訂正：

「我才沒有，你怎麼會這樣想？」

事實上，對於提問者來說，當你否認、訂正他，他就得到了關於這個話題的資訊。可以利用取得的資訊再次推進話題。藉由這個方法，即使是不容易深聊的話題，也能愈聊愈深入。

第二個幫助我們開展話題的訣竅是「突擊」。例如：

「里奈好久不見！要不要跟我交往？」

「你說什麼啦？」

「我覺得妳愈來愈可愛了。怎麼樣？要不要跟我交往？」

「你今天怪怪的耶！對了……」

試著在剛見到對方時立刻開始這種對話吧！或許這樣的開頭令人害羞，但說了這一句，接下來就可以比較輕鬆地進入「你的理想型是哪一種」等深入話題。這是因為你已經在對方的潛意識中建立了「你不會害羞，講話很直接」的前提。

如果你覺得很難開口聊「深入的話題」或「戀愛相關話題」，這是因為你以前都沒有聊過類似話題。因此，可以在初次見面或相隔很久又見面等等較容易顛覆形象的時機突然開口直接問，如此一來，還可以拓展之後對話的主題。

如果覺得這些話實在太丟臉，很難說出口，可以先想想說完之後要怎麼圓場，就不會再緊張了。例如：

「里奈好久不見！要不要跟我交往？」

「你說什麼啦？」

「我好想喝咖啡，我們去車站前新開的咖啡店吧？」

「咦？啊，嗯，好啊。」

「里奈好久不見！要不要跟我交往？」

「你說什麼啦？」

「昨天我夢到跟妳交往，然後就中了樂透。總之我們先去買樂透吧！」

「胡說什麼啦……」

這兩者都是可能的應對模式（我也實際使用了後面這一種）。你會感覺到不安和緊張，大多是因為準備不充分，建議事前準備一兩句好用的台詞，或是可以在家裡先練習說說看。

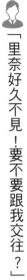

6 表現出真心的關懷

我最討人喜歡的一個朋友曾說：「溝通的訣竅，就是打從心底對對方喜歡的事物產生興趣，實際嘗試，並喜歡上它。只要做到這一點，不論是誰都會非常喜歡你」。

一般來說，只要有人對我們有興趣，我們就會開心。相信你也有這樣的經驗：你告訴別人你喜歡哪一部漫畫，對方看了。你表示「我最近很喜歡射飛鏢」，對方也說「我也想試試看，你下次教我吧」。不管是誰，當別人對你有興趣的東西也感興趣時，都會覺得開心。對方心中「想到自己喜歡的事物就很開心」的情緒，和對你的印象重疊之後，就會歸因成「你跟我親密到能夠了解我」。

因此，如果知道對方喜歡什麼，這就是一個好機會。請懷抱著興趣向對方打聽，並實際嘗試看看（做到這一步的人並不多，因此很容易讓對方留下印象），讓對方把「喜歡」的情感歸因到你身上。

⑦ 創造只屬於你們的小祕密

「共享祕密」是能夠大幅拉近和對方距離的巧妙方法。這是因為，當對方把他的祕密告訴你，或是你們創造了一個兩人間的祕密時，對方的大腦會判斷「這個人很特別，我才會把祕密告訴他」。而且因為內容是祕密，無法輕易告訴他人。人有一種傾向是愈被禁止，愈想要嘗試。因此，每次當對方想把祕密說出去，就會想到共享祕密的你，彼此間也就更容易發展出親密的關係。

利用這一點，建議你試著和對方說你的祕密，如果可以，也讓對方跟你分享他的祕密。要想讓對方分享祕密，要先由你先說出自己的祕密。因為對方在心理上會產生「既然我已經知道了你的祕密，代表我們的感情好到可以講祕密」「我已經聽了你的祕密，也應該把自己的祕密告訴你」的想法。而且，如果祕密的內容是「幾歲之前想結婚」「洗澡時會先洗哪裡」這種情侶之間才會討論的話題，對方就更容易將它歸因為戀愛情感。其他還有「喜歡的異性類型」「最近主動接觸你的異性」「跟前男友或前女友的往事」，也都是不錯的話題。

其中，又以「有進展的話題」最適合拿來當作祕密分享。因為與這個祕密相關的所有話題都會變成祕密，祕密的程度越高，可以將「共享祕密」的效果放到最大。例如：

「我跟妳說，妳不要告訴別人喔，亮太好像帶愛美回家了！」

「上次那件事啊！愛美好像也很在意亮太。」

「亮太好像跟愛美開始交往了，妳不要跟別人講喔！」

（要注意說太多可能會讓對方覺得你容易洩密）

此外，「擁有只有你們才知道的祕密語言」也是一個不錯的方法。例如：

「在大家面前直接講名字會被其他人發現，以後我可以用P來代稱嗎？」

不要忘記的是，祕密有洩漏出去的風險。重點在於讓對方的大腦產生「你們在說的是只有兩人知道的祕密」的潛在認知，即使內容本身無足輕重，只要你把它包裝成祕密，就有一樣的效果。

「哇，我忘了繫皮帶，好丟臉喔，妳不要告訴別人喔。」

不過，每次都用同一句話，可能會讓對方覺得「你每次開口閉口都是『祕密』」，感覺很奇怪」。為了避免這種狀況，每次都要盡量使用不一樣的詞句。例如：

「這件事妳不要說出去喔。」

「因為是妳，我才說出來的。」

「我不太想讓其他人知道。」

如果對方發現「你是一個什麼事情都會用『祕密』來形容的人」，可能就會覺得「你的祕密根本不是祕密」。因此，嘗試使用這個方法時，請注意用詞和使用的頻率。

❽ 讚美對方時要令人印象深刻

讚美別人也是有訣竅的。

許多人都會讚美對方身上每個人都看得到的優點，也就是說，通常你會讚美對方的點，跟別人是一樣的。舉例來說，你在稱讚帥哥或美女時，是不是總說「你很帥」「妳很可愛」「身材很好」等讚美外表的詞句？這種讚美方式無法讓對方記住你。在第二章提過，若想獲得對方的好感，請讚美對方從來沒有被讚美過的特質，讓你的讚美與眾不同，藉此讓對方留下印象。

如果你讚美的是對方常常被讚美的點，對方的大腦會在潛意識中判斷你的讚美是「常聽到的詞語」，不會留下深刻的印象。另一方面，當你讚美對方不常被誇讚的部分，大腦因為不習慣這些詞句，會把它讀取到內部試圖理解，因此會留下深刻的印象。

此外，如果你讚美的部分是對方認為只有他自己才知道的特質，對方就會覺得「這個人很了解我」，並感到與你非常親近。相反地，如果你誇讚的是連對方都沒有察覺的優點，可以讓對方思考「我真的有這個優點嗎？」「原來我擁有這樣的魅力嗎？」對方也會在大腦內反覆思考你的讚美，對你有很大的好處。

容易留在對方腦中的讚美方式如下：

・誇讚對方特徵的相反之處

「其實妳很聰明吧？妳跟我說話時反應很快。」

（用來誇讚自稱頭腦不好的人，因為沒有人稱讚過對方聰明，你可以藉此建立自己跟其他人的區別。）

・誇讚對方給人印象的相反之處

「妳看起來很冷漠，但意外地很好聊，對吧？妳也常常在誇我。」

（人類無論是什麼性格都會有一部分是例外，因此誇獎對方性格的相反面，對方就會認

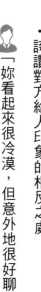

為你發現了別人沒有發現的事。）

・詳細說明誇讚的重點

「大雅會主動去跟正在煩惱的人說話，我覺得這一點很有魅力。」

（仔細說明，就不會跟其他人的讚美一樣。）

・用特別的方式讚美

「蓮有一種不可思議的魅力。」

（故意不說出誇獎的重點，讓對方在意你到底想要讚美他哪一點，並在腦內不斷思索。）

・誇獎異性不會發現的點

「妳的指甲好可愛！」

（有些事只有同性別的人才感興趣，異性之間很少會注意，因此通常不習慣被異性誇獎這些點。）

此外，即使是對方很常被讚美的點，使用不同的讚美方式還是可以讓對方留下印象。例如：

「你爸媽一定很重視你的教育。」

這就是一種間接的誇獎方式。

其實，這句話的意思就是「你很有教養」「你很有氣質」「你很有愛心」，但乍聽之下不容易發現這是誇獎。因此，可以在不知不覺間在對方的潛意識內植入你的讚美。

在你習慣誇獎別人之前，建議先從別人身上穿戴的衣服飾品開始讚美，比較不容易出錯。一般來說，人對自己的外表和性格常有自卑情結，即使你的本意是誇獎，但有時可能會有反效果。不過，人通常只會把自己喜歡的東西穿戴在身上，衣服和飾品應該是喜歡的東西，稱讚這個部分應該不會出錯。

「這個是什麼？好時髦啊！」

「謝謝！這是我之前在 TED BAKER 看到的，第一眼見到就好喜歡！」

「原來如此，很適合妳耶！」

如果你覺得讚美別人太令人害羞了，也可以在對話裡捧對方兩句，這樣就可以達到自然的讚美效果。例如：

「麻衣，妳是用哪一牌的護髮乳？」

「Jo Malone 啊，怎麼了？」

「好香喔，我也想用同一牌。」

還有一些詞句，雖然沒有誇獎對方，還是能在對方的潛意識裡留下好印象。

「別人誇你很帥跟很聰明，哪個會讓你比較高興？」

這句話是在「你又帥又聰明」的前提下才能成立，因此在問這個問題時，已經等於是潛在地讚美對方了。

將讚美和本書介紹的其他技巧組合起來，可以製造出讓對方大腦更強烈地對你產生好感的狀況，還可以誘導對方做出你希望他做出的行動。例如：

・不說出讚美的理由（不確定性）

「光宙你真的很厲害耶。」

「什麼？」

「原來你自己沒有感覺啊？那我也先保密好了。」

（對方會在意你到底覺得他哪裡「很厲害」）

・找個理由誇獎並誘導對方做出對你有利的行動

「美穗妳真的很了解我，又很體貼。」

（將你自己決定的內容當成誇獎的理由，藉此讓對方的大腦產生銘印。在這個例子中，對方的潛意識會產生「你跟我很親密」的銘印。）

「你每次都會把東西弄乾淨才還我，真細心。我就是不太在意這種小細節，下次我也要多注意。」

（對方會更注意借的東西要弄乾淨才會還給你，也會遵守歸還期限。）

・讚美前讓對方更注意你說的話

「是說……」

「嗯？」

「妳笑起來眼角會瞇起來，好可愛。妳可以再笑一次嗎？」

（對方因為在意「你要說什麼」，會在無意識中集中精神聽你說話，讚美的效果也會大

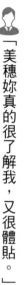

幅提昇。）

・讚美不在場的人

「潤平真的是個好人，我很困擾時，他每次都會幫我的忙，真是個勇者。」

（對話中出現的人物形象（＝你誇讚的優點）會跟你的印象重疊，在這個例子裡，你會給對方「你是別人困擾時會幫忙的好人」的印象）

長大成人之後，我們就愈來愈少被人讚美。因此，受到別人讚美時，每個人都會感到單純的喜悅。只要你學會讚美別人，無論在戀愛還是友情上都能受到許多人喜愛。從今天就開始養成讚美別人的習慣吧！

9 擅自決定並推進話題

當你和對方對話了一陣子，也提到許多對方的資訊，對方的潛意識便容易認為「你很了解他」，也容易認為自己對你有好感。在這裡，要介紹三種能夠開啟可能性的「擅自決定話術」。

在「❺正確選擇符合目的的談話主題」這個單元，我已經稍微提過這種話術。它是一種不用「問句」開頭，從你擅自做的決定開始推進話題的方法。當然，如果你對自己的溝通能力有自信，想從「問句」開始對話也沒問題。但如果對自己的溝通能力沒有信心，或不擅長與人對話，可能會有「即使提問也無法開展話題」「讓對方感到被逼問」等風險，而利用「擅自決定話術」可以避免這些窘境。例如：

「妳在學校是參加哪個社團？」

「軟式網球。」

「原來如此，妳擅長運動嗎？」

「算是吧。」

「這樣啊，那妳現在還有在運動嗎？」

這就是以提問為主的對話。溝通能力不強的人，往往會突然問出自己想知道的事，也常有無法炒熱話題的窘境。

各位在跟感情好的朋友聊天時，並不會一直逼問朋友對吧？而且，這種連續提出單一問題的狀況，反而容易引起對方的反感。

- 和關係較淺的人談話時（例如：面試）。
- 和談話對象立場對立時（例如：吵架、詰問、審問）。
- 商務場合（例如：工作彙報）。

在以上這些背景下，不斷提出單一問題，對方即使不產生負面情緒，也很可能產生

「麻煩」「無聊」等輕微煩躁感。因此，建議不要以提問為主，而是以「擅自決定的事實」為起點，開始對話。例如：

「莉奈妳以前在學校是英文社的對吧？」

「不是，是軟式網球社。」

「這樣啊？完全看不出來妳擅長運動。」

「好過份，我高中時可是地區比賽冠軍耶。」

「哇！妳爸媽是不是奧運選手啊？」

「怎麼可能啦！」

「妳現在還打軟式網球嗎？下次要不要一起打球？」

「沒有，現在沒有打了。」

「這樣啊，看妳曬這麼黑，還以為妳現在還有在打。」

「你嘴太壞了吧，我哪裡黑了！」

「嗯，超白的。」

「喂！」

像這樣，用你擅自決定的事項開啟話題，對話的節奏與熱度就會大大不同。這是因為我們的大腦在接收到錯誤資訊時，就會不由自主地浮現正確答案，讓我們想要反駁或訂正。

在剛剛的例子中，這些發言其實都有背後的意圖。

「莉奈妳以前在學校是英文社的對吧？」

（對方看起來很會運動，因此故意說她是藝文性社團。）

「妳現在還打軟式網球嗎？下次要不要一起打球？」

（對方還在打軟式網球的機率並不高，因此故意以還在打為前提繼續對話。）

「這樣啊，看妳曬這麼黑，還以為妳現在還有在打。」

（對方皮膚並不特別黑，因此故意說她皮膚黑。）

「嗯，超白的。」

（對方皮膚並不特別白，因此故意說她白。）

當你擅自決定的內容有誤，對方就會為了反駁或訂正持續跟你對話，還進而提供了「學生時代打軟式網球」「高中時在地區比賽得過冠軍」等資訊。

順帶一提，當你擅自決定的內容誤打誤撞猜中，對方會覺得「你很了解他」，這種猜對的驚喜也能讓你們的對話更熱烈。

「直美妳一遇到喜歡的事物就會一頭栽進去對吧？」

「啊……確實是這樣。」

就算猜錯，對方也會疑惑「你為什麼會這麼想」，想知道你會這樣猜想的理由，彼此的對話也比較不容易中斷。由於大腦構造的影響，對方會在無意識中在意「你為什麼會這麼想」，因此你可以說明理由，話題也能因此拓展得更寬廣。

你在說明「為什麼會這樣覺得」時，如果能加上「讚美」或「批評」，話題就更容易無限延伸。

・擅自決定並讚美

前一項已經說明過，讚美別人其實出乎意料地難，如果讚美得太拙劣，對方很容易察覺你對他有好感，甚至可能因此跟你保持距離。因此，使用「擅自決定話術」時，請營造出「必須說明理由，因此有必要讚美對方」的氣氛，如此一來，就能自然說出讚美。

「你一定喜歡吃蔬菜吧。」

「嗯，為什麼會這麼說？」

「因為你皮膚很好啊，一定很愛美吧。」

「我是有在練肌肉沒錯，平常都很注意。」

以對方的立場來說，這段對話內容不但有趣，還能聽到你的讚美，因此會覺得跟你說話很舒服。

・擅自決定並批評

這是搞笑藝人經常使用的話術。如果突然開口批評對方，就只是單純地說人壞話而已，但先使用「擅自決定」營造氣氛再批評，就可以讓批評聽起來像開玩笑。

「妳一定有哥哥或姊姊對吧？」

「咦，你為什麼會知道？我有姊姊。」

「妳感覺很任性，所以我猜妳是老么。」

「好過分喔！」

還有，批評是只有交情好才能做。如果跟對方是初次見面或不夠親密，就很難做到。因此，當你巧妙地批評對方，對方的腦就會產生錯誤歸因，認為「雖然他批評我，但是我很開心，我跟這個人應該很親近」，在對方的潛意識中一口氣拉近彼此距離。

有些人會因為「批評對方很沒禮貌」而不想這麼做，但巧妙的批評可以與對方拉近距離產生親近感，有時候還是試試看比較好。有些人會堅持「批評是不好的行為」，要注意你不願意批評對方，太過小心翼翼，結果可能總是在捧對方，自己反而變成「沒行情」或「無趣」的人。批評是一門稍難的學問，但各位一定要嘗試看看。

不過，唯有「對方無法改變的身體特徵」不能拿來開玩笑。例如頭髮少、身高矮、長相美醜等，有些人可能會非常在意。可能你只是隨口開玩笑，對方卻很受傷，因此請不要拿這些身體特徵來批評對方。

為了避免誤解，我並不希望各位「都不要提問，一切都擅自決定」。提問也是一種重要的對話方法。而且，當你一直擅自決定，對方在顯意識中注意到你一直在擅自決定時，也有可能會感覺煩躁。

重要的是必須保持平衡。許多不擅長對話的人，常會讓談話充滿一面倒的提問，因此我想請大家試著在對話中加入「擅自決定」。請在跟朋友聊天時先練習看看，應該就能掌握平衡。建議和異性對話前，先對家人或同性朋友使用，練習掌握訣竅。

⑩ 問問題要用排行榜的方式

在前一項，我介紹的是「不要提問，用擅自決定的話術聊天」，而在這裡，我要分享的是「怎麼問問題對方才會喜歡你」。

我建議問對方的「最愛」，或是讓對方用排行榜的方式回答問題。舉例來說：

「美咲妳最喜歡的三種食物是什麼？」

「蛋糕、義大利麵跟拉麵吧。」

接著，你可以深入挖掘話題：

「啊，我也喜歡拉麵，妳最喜歡的拉麵店是哪一間？」

或是擅自決定：

「真意外，我還以為妳都只吃蔬菜。」

也可以開開玩笑：

「全部都是澱粉類耶！」

如此一來，對話就更容易延續。

用排行榜的方式問問題，可以稍微減少對方大腦的負擔，更容易引出對方的答案。

相信你也是這樣，當別人用限定答案的方式問你「最喜歡吃什麼？」「喜歡的食物前三名是？」會比單純問「喜歡吃什麼食物？」更容易想到答案。

再者，問「最愛」或排行榜，可以更容易把話題延伸到「為什麼是這個排名」「其他名次還有什麼」，而且，以「舉出三種最喜歡的○○」句型詢問各種不同的事物，可以幫助你更了解對方對哪些領域有興趣，或有深入研究。

當然，有人問你問題時，你也可以用「排行榜」的方式來回答，這樣對方也會比較容易延續話題。

「海斗，如果要去國外玩你會推薦哪些國家？」

「越南、義大利，還有喬治亞。」

「啊，我有去過越南！木州山上真的很不錯！」

還可以一起使用猜謎法，讓對方更容易歸因於對你有好感。

「海斗，如果要去國外玩你會推薦哪些國家？」

「嗯……我的第三名是喬治亞，第二名是義大利，第一名……妳猜對的話這一餐就我請客，有三次機會喔！」

「什麼啦，那你要給一點提示啊！」

「是東南亞的國家。」

「嗯……（三次都猜錯）」

「猜錯了！那這一餐就讓彩乃來請囉。」

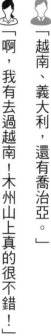

「咦～那到底是哪個國家嘛？」

「祕密～妳太不會猜謎了。」

「為什麼啦，告訴我嘛。」

用猜謎的方式，不告訴對方答案，讓對方的潛意識開始「在意答案」，就能創造讓對方在潛意識中想你的時間。

以上只是一種案例，這種「排行榜答題法」和本書介紹的其他方法都可以搭配，請試著和其他的方法一起使用看看。

當想到其他人不會使用的對話方式，請積極使用。做跟別人不一樣的事，讓對方留下印象，對方就更有可能將對你的印象歸因於對你有好感。

⑪ 忽視對方

請先看看下面的範例。當對方有所行動，請裝作偶然沒有發現。

「啊，聽太，早安！」

「……（假裝沒聽到）」

（之後再遇到時）

「沙羅，妳有原子筆可以借我嗎？」

「……啊，嗯，我有。（遞出原子筆）」

「……嗯？怎麼了嗎？（發現對方的樣子怪怪的）」

「啊，今天早上我有叫你，你沒理我。（原來是沒聽到嗎？）」

「咦？我可能是沒有聽到。」

「是這樣啊（放心）你是在想事情嗎？」

用這種手法先「忽視」對方，之後再告訴對方忽視他的理由，讓他放心，對方的腦內就容易歸因成對你有好感。

理由有以下三個：

○對方會不知不覺對你很在意

當忽視對方，對方會忍不住思考「我是不是做了什麼？」「他是不是討厭我了？」在這個過程中，對方會無數次想著你，也容易產生「這麼在意你是因為喜歡你」的歸因結果。

不過，如果沒有好好說明忽略對方的理由，讓對方一直無法安心，甚至太過影響情緒，對方可能會將在意的理由歸因為負面情緒，也就是「之所以腦袋裡一直想你，是因為討厭你」。因此，忽視對方時要注意程度不能太過分（後面會再詳細說明）。

○情緒從負面轉為正面

在「萬人迷」的基本溝通法則「❺緊張與弛緩」中有提過，當你讓對方的情緒從負面轉向正面，對方就可能將情緒改變的幅度歸因為對你的好感。你忽略對方時，對方會感到煩惱，而當解決了煩惱，這時的情緒改變就可能在對方的腦中轉化為對你的好感。

○其他人不會這麼做

如果對方自視甚高，就很少會有「被忽視」「被隨便對待」的經驗。因此，對於他或她而言，「被忽視」是令人印象深刻的事，也容易在他們心中留下印象。這一招對帥哥或美女往往能發揮很大的效果。相反地，如果對方自尊心較低，就不建議使用這一招。對於習慣被隨便對待的人，誇獎他們才比較容易留下深刻印象。

接下來，我要說明忽視對方的方法，大致分為以下兩點。

〇假裝是不小心忽視對方

如果對方已經確定「你是因為討厭我才忽略我」「你討厭我」，那麼對方腦中就沒有不知道的事，對方想到你的頻率也會減低。因此，建議你裝作「只是湊巧沒發現對方」，如此一來，就可以達到以下的三種效果：

- **不知道你到底是忽視他，還是只是沒發現。**
- **即使知道你是忽視他，也不知道你為什麼忽視他。**
- **即使知道你是忽視他，也不知道你是不是討厭他。**

這樣會在對方腦中留下好幾個疑點，可以讓對方更常想到你。

〇安排一個可以說明理由，讓對方安心的機會

如果忽視對方後什麼也不做，就會讓對方開始討厭你。因為確定「你討厭我才忽視我」之後，就可能在對方腦中歸因成負面情緒。此時，重要的是「在忽視對方後必須讓對方安心」。忽視本身確實是一種傷害對方的行為，這一點不會改變，但你必須告訴對方「我不是有意的」，讓對方理解「這只是他的誤會，你沒有討厭他」。在你告知「我不是有意的」之前，對方會感覺不安，懷疑「你是不是討厭我」「我做了什麼嗎？」知道只是一場誤會後就會放心。這時，對方腦內就會把情緒改變的幅度錯誤歸因成對你的好感。

忽視的具體方法有這幾種。

- 對方叫你時，假裝沒聽到。
- 跟對方擦肩而過時，假裝沒發現。
- 在LINE或訊息上不讀不回或已讀不回。
- 晚回LINE或訊息。
- 平常都會回覆對方的社群網站貼文，但這次沒回。

附帶一提，忽視不是隨時都可以對任何人使用的技巧。能不能使用這一招是有判斷基準的，大致上有兩項指標：

○之後有機會說明你只是因為不可抗力才忽視對方

如果之後無法跟對方說明你的忽視只是不可抗力，就不要忽視對方。舉例來說，當對方跟你搭話，你必須是在之後能夠說明「抱歉，我沒發現」的狀況（例如你跟對方沒有對上眼，或是周圍很吵雜）才可以假裝沒有察覺。如果已經明顯對上眼，你不可能沒有發現對方，若在這時選擇忽視，之後就無法解釋，你們的關係也會變差（雖然也可以找藉口說「抱歉我當時在集中精神想別的事……」，但這種解釋有點牽強）。

○對方對你是否沒有負面感覺

如果對方對你有負面感覺，就無法使用這個方法。對方若對你有負面情感，愈是想到你，愈有可能會覺得「之所以會一直想到你，都是因為討厭你」。

這個方法的目標是讓對方產生這樣的疑問：

（這個人應該對我有好感，為什麼會忽視我？）

（我之前跟這個人講話的時候感覺還不錯，為什麼他會忽視我？）

因此，與對方的關係不用特別好，但必須有最小限度的好感。這裡所說的好感不一定要是戀愛情感，即使只是普通朋友間的好感也沒有關係。舉例來說，即使只見過一次，只要彼此談話感覺還算親近，對方覺得你「大概是個好人」就OK。或是「彼此已經是可以親密聊天的朋友」「會兩人外出約會」也沒問題。重點在於，使用這個方法的前提是對方找不到被你忽視的理由。

接著是「忽視」的次數，這很難明確說明，只能說必須視對方與你的關係、對方的性格以及反應來決定。不過基本上，如果多次忽視對方，對方討厭你的可能性就會升高，因此建議在關鍵時刻忽視一次就好。

即使只忽視對方一次，只要放著不管一～兩天，就可以好好確保對方有時間思考

「為什麼他會忽視我」「他是不是討厭我了」。這個放著不管的時間也要視對方的性格與生活型態來調整。舉例來說，如果對方是你不回LINE就會一直發貼圖的人，只要放著不管半天就會一直想著你的事；但若對方是連你已讀不回都完全不在意的個性，短時間的忽視可能無法引起他的注意，如此一來就必須刻意使用比較強的忽視方式，或是整整忽視對方一週，讓對方確實感覺到你對他的忽略。

不論是哪一種方式，「忽視」都是對方對你有一定程度的好感時才能使用的技術，因此你必須了解對方的性格與感受。請以自己擁有的資訊為基準，思考最適合對方的忽視次數與時間。

讀到這裡，或許有人會覺得「忽視可能會傷害對方，我不想這麼做」。許多人都覺得「讚美」是好事，「忽視」是壞事，但我不這麼認為。舉例來說，對方如果每天都受到讚美，就會習慣被讚美，情緒的改變幅度也會變小，感覺到的喜悅會慢慢變少。有些人甚至會開始覺得受到讚美很煩。另一方面，如同之前的章節說明，忽視對方也許反而會讓對方對你產生好感。

結果會視每個個案的狀況產生變化，但行為本身沒有好壞，也沒有善惡。我認為對方會產生什麼感受，還有你們最終是否能發展成彼此都感到舒適的關係，才是重點。

儘管如此，若你還是覺得「忽視是壞事」，這或許是因為你的大腦將「沒有勇氣忽視別人」的狀況錯誤歸因成了「傷害別人是壞事」。

這時，建議你可以試著問問朋友。請一位你能信任的朋友讀完這個章節，再問他「我該不該在現在的狀況下忽視喜歡的人？」我想，你的朋友應該會回答你「就試試看吧」，如此一來，你就會因為心理上「不想被朋友當成『遜咖』」而在無意識間更容易採取行動。

「忽視」這一招比起本書介紹的其他溝通方法難度略高，請務必巧妙製造容易採取行動的情境，試著使用一次看看。

⑫ 絕對不要沒話題

由於大腦容量限制，我們無法記住所有的對話，而是像漁網一樣將重點連結起來，藉此保持記憶。那麼，對話中的哪個部分才容易留在記憶裡呢？其實是聊得最熱烈的部分，還有對話最後如何結束。因此，用以下方式對話的人，多少會給人「說話很無趣」的印象。

- 從容易熱烈聊下去的話題開始聊。
- 一直持續聊炒熱的話題。
- 沒有話題時，再次把剛剛炒熱的話題拿出來聊。

你有沒有類似的經驗呢？從容易炒熱的話題開始聊，後半就會只剩下沒什麼可聊的話題。一直持續聊已經炒熱的話題，就會造成聊天熱度下降後才開始轉換話題。沒話題時，又把剛剛已經炒熱過的話題拿出來繼續聊，會因為已經無話可聊而讓對話乾掉。如此一來，聊天熱度下降時的感受，就會在對方的潛意識裡成為這次對話的印象，對你也較難產生良好的情感歸因。

為了避免這種狀況，聊天時請注意以下三個重點。

①平常就要準備幾個話題

你身邊有沒有總是在聊同一件事的人呢？老是在聊自己的戀愛經驗、一開口就是抱怨工作、總是在自吹自擂……每次都聽到同樣的話題，會讓人對跟這個人交談感到厭煩。當一個話題延續太久，就有可能會讓對方感到厭煩。

因此，請事先準備幾個話題，這樣才能隨時拋出好幾個話題。若無法立刻想到合適的話題，請先試著把自己能聊的話題寫在紙上。為了讓對方興味盎然，也要先想好故事，再試著練習說幾次，好讓你隨時都能講出口。好好準備，讓對方感覺到「跟你聊天很有趣」，也就容易對你產生好感。

■ 一定可以炒熱氣氛且容易切換到戀愛話題的主題

- 最近喜歡做的事
- 興趣
- 旅行
- 寵物
- 小孩（親戚的小孩或鄰居的小孩也可以）
- 小時候的事
- 電影
- 占卜　等等

若能加一些戀愛的話題，對方產生戀愛情感歸因的可能性也會上升。建議在你可以聊的話題中加一些容易切換到「戀愛話題」的內容，例如：

「最近我超愛打掃，愛到有點潔癖，看來以後只能跟同樣有潔癖的人交往了。」

「我好喜歡橙花的香味，聽說它最有名的原產地是突尼西亞，農場的照片看起來好美，但實在太遠了，想去一趟至少要十天，看來只有蜜月旅行才有機會了。」

②一個話題聊到七○%左右就結束，趁氣氛還熱烈時切換到其他話題

許多人都會因為聊得很開心，就想要一直繼續聊同一個話題，但話題持續得愈久，就愈沒話可聊，愉快度也會漸漸下降。在氣氛還很熱烈時就切換話題，才能在熱烈的氣氛中繼續聊下去。

而且，大腦不擅長把不確定、不完全的事物放著不管，在氣氛還很熱烈時就切換話題，對方可能就會覺得「聊到意猶未盡」「還想再問你一些問題」。如此一來，對你的故事後續的好奇心，就可能在潛意識中歸因為對你的好感。

除此之外，中斷原本聊得開心的話題，轉移成其他話題，還可以讓對方在潛意識中認為「你應該很受歡迎」。這是因為幾乎所有人都覺得「絕大部分的人跟喜歡的對象聊天聊得開心時，都會很開心地繼續聊同一個話題，這是理所當然的」。也就是說，在聊得熱烈時轉換話題，對方會在潛意識中認為「你覺得聊得這麼開心是理所當然的，所以才會中斷話題。也就是說，周遭的人一定都認為你很有魅力」，進而感覺到你的魅力。

③在你準備的話題都用完之前，趁著彼此還聊得開心時就結束聊天

這個原則和聊到七〇％就轉換話題是完全一樣的道理。和想要培養感情的對象相處時，往往會有「想要相處久一點」的想法，但相處得越久，話題就會愈來愈少，失言的風險也會升高。而且，如果對方跟你已經有一定的感情基礎還好，如果是第一次見面的對象，也許當場的對話就會決定對方對你的一切印象，下次就不願意再跟你見面。

因此，在準備好的話題結束前，趁著彼此還聊得開心時離開現場，就能預防所有風險。不過，若你突然離開，對方也會覺得奇怪，建議一開始就先告訴對方「我今天只有一小時」「今天晚上我有事，可能沒辦法跟你一起待太久」，這樣比較能順利結束聊天（而且這樣還能讓對方感覺「除了跟我聊天以外，這個人還有其他事情做，是很有條理的人」，因此非常建議能事先決定聊天的時間）。

⑬ 聽對方說話時注意對方的情緒

傾聽對方說話的方式會大幅影響對方對你的印象。不管你說的話再有趣，只要你不擅長聽人說話，對方就會「不想再跟你說話」。反之，擅長傾聽的人能夠讓對方對你產生好感。

或許你會認為聽人說話是很理所當然的一件事，不過事實上，「不擅長傾聽」的人非常多，而且這個壞習慣很難改。翻閱相關書籍和網路報導，會發現有非常多要注意的細節，例如「身體要正對說話的人」「不要打斷對方」「要有點頭等反應」等等，或許是因為太多了，反而令人無法確實做到。

本書只會介紹一個傾聽祕訣，那就是集中精神，注意觀察與對方情緒相關的訊息。

例如：

（她一直摸頭髮，或許是對這個話題厭煩了）

（他看起來很開心，應該是喜歡這個話題）

建議像這樣，從對方的行動試著推敲他的情緒。最重要的是「只」專注於了解對方的情緒。請先把其他你以前聽過的「傾聽技巧」放到一邊。

舉例來說，要在群眾面前說話時，即使事前讀過「十五個演講技巧」，真正上台時也會忘得一乾二淨，只記得自己背的講稿，對吧？不過，如果只是照著講稿背出來，大部分的人應該都能勝任。這是一樣的道理。與其把注意力分散到許多事物上，不如好好專注一件事，往往能帶來好的結果。

其實，當你只把注意力集中在觀察對方的情緒，就會半自動地實踐傾聽的祕訣。建議你試著在跟朋友聊天時注意觀察「朋友現在的情緒」，實際嘗試後就會發現，觀察對方的情緒要耗費許多注意力。會發現自己沒有餘力去注意其他事物，因此，也會在無意識中注意到對方的各種小細節，不用刻意也能巧妙地傾聽對方的話語。

當專注觀察對方的情緒，就不會讓對方覺得「你沒在聽我說話」「是我講話很無趣嗎」，你也很可能因為太專心在觀察對方而無法表達意見。這也可以防止你在途中做出錯誤的反應，也就是許多人會做的「反駁對方（不，我覺得不是這樣）」和「打斷對方

■ 你應該從說話對象身上觀察的重點

- 談話內容
- 視線的方向、表情
- 身體的方向
- 腿上有沒有放東西
- 腳的方向
- 手在碰觸哪裡
- 呼吸
- 有沒有在嚼口香糖、吸菸
- 有沒有語速過快
- 是否停下來沉思
- 提到哪些內容時發生哪些變化　等等

■ 能讓對方覺得「你有在聽」的態度

- 看著對方的眼睛聽
- 輕輕點頭，短暫附和
- 簡短摘要對方說的話「所以是〇〇嗎？」
- 對對方說的話發出簡短的問句，例如「這樣不是很辛苦嗎？」
- 將對方的情緒說出來，例如「你一定很高興」
- 注意製造空檔，創造讓對方容易說下去的氣氛
- 傾聽到最後（尤其是男性）
- 不要指教對方（反駁或評論）
- 面帶笑容地聽　等等

的話，開始分享自己的事（原來如此，對了，我都是這樣……）」。

我們之所以應該培養傾聽技巧，是因為這樣比較容易讓對方說起私人話題。如果相談甚歡，通常對方就會對你產生好感，漸漸也就不太會抗拒跟你分享私人話題。會聊隱私的對象一般都是家人、好友或是情人等親密的對象，因此，對方跟你分享愈多隱私，就會在潛意識中愈把你當成親密的對象。

追根究柢，當一個人能夠把自己的隱私、沒有告訴過別人的事情、有很多情感的回憶、自己固有的價值觀和想法等等核心資訊暢快地跟某個人分享，那麼這個人就已經是合格的戀愛對象了。只要提升傾聽技巧，就能成為對方的潛在戀人候選人。

傾聽技巧是很容易被忽略的重點，只要把注意力集中在觀察對方的情緒上，就能輕鬆學會。希望你也能馬上嘗試看看。

⑭ 讓對方保管你的東西

具體方法包括「忘了帶走自己的東西，讓對方幫你保管」「給對方某種東西」「借給對方某樣東西」等等。將一種看到之後可以聯想到你的東西留在對方手邊，對方看到它，或是想起自己還帶著它的時候，就一定會想起你。這時，對方的大腦就會湧出對你的情感或印象，反覆增強對你的好感。而且對方還會將不斷想起你的理由錯誤歸因成「喜歡你」，可能因此引發戀愛情感。

因此，將一件容易聯想到你，對方也會經常看到、注意到的東西留在對方身邊，是一個非常有效的方法。例如像筆一樣容易留在身邊，或是像書一樣會放在桌上，又或者是手帕等會讓人覺得「一定要還給對方」的東西，都是合理的選項。

我也曾經把戒指借給一位喜歡的女孩。我平常拇指都會戴著戒指，也常常用這個戒指來變魔術。之前去智利玩時，我在回國之前變魔術給女孩看，她說她也想學，於是我把戒指借給她，告訴她：

「妳就用這個來練習吧，下次見面時再還給我。這樣我們就有下次見面的理由了。」

我回到日本後，有一陣子沒跟她聯絡。有一天，她突然傳訊息告訴我「我要去日本找你」「我喜歡你」。因為某些因素，我拒絕了她的告白，但她還是決定要來日本旅行，還是要找我一起吃飯。最後她也真的來日本找我碰面。

即使不做到這種地步，日常生活中也有很多可以讓對方保管的東西。例如把筆或手帕借給對方，在對方還給你之前跟他分開，就能把自己的東西留在對方身邊。如果沒有機會借東西給對方，也可以故意把你的東西忘在對方家裡或桌上。

「小葵，妳是不是忘記拿走妳的筆？妳把它留在我的桌子上了。」

「啊，抱歉，那是我的筆沒錯！可以先幫我保管嗎？下次再跟你拿！」

在這樣的互動中，不僅可以讓對方先留著你的物品，還可以製造下次見面的機會。

不過，當然也有對方把你的物品弄丟，或是兩人就此疏遠的風險，因此使用這個技巧時，請選擇「就算弄丟也無所謂」的物品。

⑮ 利用離別時分

在「⑫絕對不要沒話題」提過，離別時的印象很容易留在對方的潛意識中，因此和喜歡的對象見面時，一定要注意在離別時讓對方留下好印象。接下來，我會介紹幾個在離別時使用，讓對方容易對你產生好感的小技巧。

①縮短見面時間，在聊得開心時散場

許多人在和喜歡的對象相處時，都會想盡量拉長相處的時間。不過事實上，不要待在一起太久，反而能提高對方喜歡你的機率。

相處的時間太長，話題會一個一個消失。相信很多人都有這樣的經驗，即使雙方聊得開心，也會漸漸沒有話聊，到最後就必須拚命尋找話題。在這種情況下，會讓對方留下沒話題又聊到有點膩的印象。即使中途你們曾經聊得開心，對方也不容易在潛意識中對你產生好感。

假設你們見面時間很短，例如只有三十分鐘的短暫小聚會，就可以在話題用完前，雙方還聊得熱烈時就散會。如此一來，就能讓對方把這種愉快的氣氛帶回家，還能讓對方更容易產生「聊得不夠盡興」「下次還想再見到你」的感受。

此外，也有很多人以為「待在一起久一點，就有更多的機會讓對方看見我的優點」，不過，反過來說就是「一起相處的時間愈久，對方就愈可能發現你的缺點」。除非你對自己充滿自信，否則相處的時間太久，只會帶來風險。

有些人覺得在聊得開心時很難開口告別，建議先準備理由，事先告訴對方。例如：

「晚上我有事，只能待到八點，可以嗎？」

「我等等有點事，只能待一個小時，方便的話要一起喝個咖啡嗎？」

事先告訴對方你等等有事，就能在想結束聊天時順利地散會。

「我該走了，跟妳聊得很開心，下次再約妳！」

「抱歉，我看了一下訊息，可能要早點走，不好意思只待了半小時，下次再約久一點好嗎？」

相處的時間沒有最理想的長度。你的目的是「在聊得開心時告別，給對方留下好印象」，因此建議在覺得雙方聊得最開心，現在就是最高點的時候告別。

不過，還是有一個可以參考的範圍，若是和喜歡的異性初次約會，兩人在咖啡廳聊天，四十五分鐘～一小時十五分鐘是最容易使用這個技巧的時間，請一定要試試看。

②在道別時讚美對方

讚美別人需要勇氣。不過，在道別時可以說完就離開，因此只需要一點點勇氣就能說出口。建議在散場時使用稍微能讓對方感覺到異性關係的讚美方式，例如：

「我忘了告訴妳。」

「什麼？」

「這件洋裝很適合妳，穿起來很好看。我只是想說這件事。下星期見了。」

說完就離開，對方就無法得知「為什麼會說這句話」。因此，對方會在無意識中思考「你為什麼會說這句話」，腦中也會無數次想起你，更容易對你產生戀愛情感歸因。

③留下不確定因子

道別時說一些在對方腦中留下不確定因子的話，對方就會在意這句話的內容，也容易把對這句話的在意錯誤歸因成對你的好感。

「抱歉，這次讓你請客了。」

「沒問題，不過我下次可以拜託妳一件事嗎？」

「什麼事？」

「祕密。不是什麼大事啦，下次見面再告訴妳。」

④給對方指派作業

給一些作業，讓對方在散會之後去做，能增加對方在散會後想到你的機率。例如：

「關於下次要去的咖啡店，我們各找一間，聊完以後再去我們都覺得好的那一間吧！」（讓對方計畫下一次的約會）

「剛剛提到的那本書，等你想起書名了可以告訴我嗎？」（讓對方查詢資訊並告訴你）

「我擔心妳回家路上不安全，到了家要傳LINE給我喔！」（讓對方記得必須傳LINE給你）

在道別時說這些話，可以讓對方在完成這項作業之前，潛意識中都保留著「你給的」作業。對方注意到作業時，就會注意到你，容易造成「會一直想到你，是因為喜歡你」的錯誤歸因。

跟喜歡的人沒見面時該做的事

許多人只會思考「跟喜歡的人見面時對方會怎麼看我」，不過事實上，要讓一個人喜歡你，「沒見面時對方是怎麼想你的」更加重要。這是因為比起相見的時間，沒見面的時間更長。因此，在「沒見面的時間」裡，要如何搶占對方腦中的注意力，如何讓對方更喜歡你，才是讓一個人喜歡上你的重要關鍵。

接下來，我要介紹在沒見面的時間裡，可以利用LINE與訊息做的事。只要學會這些技巧，即使你和喜歡的對象是遠距離，見面機會不多，對方喜歡你的機率也會大幅提高。請一定要試試看。

❶ 進入對方現有的習慣中

習慣有很大的影響力。舉例來說，很多人都無法在假日早起。不過，須要「上班」

或「上學」的平常日，幾乎每個人都能理所當然地早早起床。

靠著意志力早起很困難，但是靠著習慣早起卻很容易。

而且，意志與習慣的機制不限於早起，而是所有行動共通。因為意志而採取行動時，人必須以顯意識判斷「是否要採取行動」，這時會造成大腦的壓力。另一方面，因習慣而採取行動時，不會經由顯意識的判斷，而是由潛意識自動做出「行動」的判斷，因此幾乎不會造成大腦的壓力。

若能將不想做的事盡量培養成習慣，讓身體在潛意識下擅自做出判斷，就能輕鬆做到唸書、工作、運動等各種事情。

現在，讓我們把這個原理應用到人際關係上。舉例來說，你現在傳了LINE給喜歡的人。如此一來，對方腦內就會產生好幾件待判斷的事，包括要不要回你、要等到手頭上的事做完再回或是現在立刻就回，還有回訊的內容該怎麼寫。如果這些都要用顯意識來判斷，就會讓對方的大腦產生壓力，判斷的次數與回訊的心理性難度愈高，對方就愈可能因為覺得麻煩而已讀不回，或是拒絕你的邀約。

因此，該做的是盡量不要讓對方判斷，也就是直接進入對方現有的習慣中，製造讓對方潛意識自動行動的情境。以剛剛的例子來說，就是讓對方養成習慣，看到你的訊息就要回。

這個方法可以用來養成「讓對方想打電話給你」「讓對方主動邀你去玩」等等習慣。接下來，我要以「當你傳LINE或訊息給對方之後，對方不會已讀不回或不讀不回，一定會好好回訊」為範例，說明如何以具體方法讓對方養成這個習慣。

①在不會造成大腦壓力的時段傳訊息

首先，傳訊息的時機要選在「對方會頻繁看手機的時間」或「對方會回訊息的時間」。

或許有些人覺得「會不會回訊跟傳訊的時間無關」，不過，如果回訊時距離對方傳訊已經有一段時間，對方就會在潛意識中感覺到「隔了這麼久才回訊有點抱歉」，因此「必須回得有禮貌一點」，也比較容易造成對方的壓力。

另一方面，若是在對方平常會滑手機、用電腦，頻繁回LINE的時間發訊息給對方，對方立刻回訊的機率會高很多。反覆進行這件事，就能將對方「在這個時間滑手機回訊息」的習慣中加入「看到你傳的訊息就回傳」這個新習慣。

因此，請先檢視你跟對方之前互傳的訊息，觀察對方經常在哪些時間回訊。或是在聊天時巧妙引導話題，自然地問出對方的生活作息。例如：

「麻貴妳總是很早就進公司耶，妳晚上都幾點睡啊？」

「我比較早睡，大概十一點吧？」

「好早喔，妳睡前不會躺著滑手機滑到睡不著嗎？一不小心就會滑到半夜兩點。」

「我懂！所以洗完澡後我就不會再看手機了。」

■ 一般人常常看訊息、回訊息的時間

- 早上起床後不久
- 通勤時間
- 午休
- 下班或下課後
- 才藝課程前後
- 回家途中
- 回到家以後不久
- 在家裡無所事事時
- 晚上睡覺前　等等

「這樣很棒耶，那妳最後會回訊息的時間就是洗澡前囉？」

「對啊，還有通勤搭車的時候也會滑手機。」

如果沒辦法打聽到對方的生活作息，建議在一般人常常回訊息的時間傳訊給對方。例如起床後不久，從家裡到學校或公司的通勤時間，或是剛回到家短暫的休息時間。

②訊息的內容必須不造成大腦負擔

相信你在收到字很多的訊息時，也會不由自主地發出一聲哀號。確實有些訊息會容易給大腦壓力。而當這段訊息製造的壓力愈大，回訊的機率自然愈低。因此，盡可能讓傳出去的訊息不帶有壓力因素，對方就比較可能回訊。

容易造成大腦壓力的因素有：「訊息全文太長」「句子太長（使用太多逗點，單一句子太過冗長）」「內容很難讀懂」「問題很多」等等。尤其是在一天結束的「就寢前時段」，大腦往往已經累了一天，這個時間你傳的訊息有愈多壓力因子，對方不回訊的機率就愈高。

因此，輸入訊息時必須注意，「訊息要短」「如果要提問，須控制問題數量」「不要傳讓對方必須認真思考的內容」，讓對方可以在無壓力的狀態下回訊。

③在固定時間傳訊息

當對方回訊給你，就要趁此機會強化這件事，讓對方養成「今後也要跟你互傳訊息」的習慣。

因此，請在固定時間傳訊息給對方。例如對方會滑手機，通常會回訊的時間是晚上八點，就請在每天晚上八點都傳訊給對方。

這件事持續一段時間後，對方就會慢慢養成「在固定的時間看到你的訊息」「看到以後就回訊」的習慣。對於一件事要持續多久才會變成習慣有許多不同的說法，有人說二十一天，也有人說六十六天。不過，LINE或訊息的回訊容易承載情緒，因此只要持續三～四天就會有深刻的印象。

④向對方指派任務

想讓對方養成回訊的習慣，並加深兩人的關係，給對方指派任務也是一個非常有效的方法。例如：

「那妳每天早上七點叫我起床嘛！」

「我們每天互相出一題英文單字考試好不好？」

「看到有趣的圖片要傳給我喔！」

就像這樣，請對方幫你做一件每天（或是高頻率）都能做的事。不過，這件事的難度如果太高，會造成對方的壓力，也較難養成習慣，建議選擇對對方來說難度較低的事。

如此一來，就能在「看你的訊息並回訊」這件事情上，再加上一個「貼上網路新聞網址」等等的任務。當你給了對方任務，就能藉此理解對方的想法。而且，人在接受別人給的任務之後，就會在無意識中覺得自己有責任，因此更容易去實行，當行動已經固定下來之後，判斷的難度也會大幅下降，對於養成回訊習慣有很大的幫助。

當你創造了一個專屬於彼此的任務，對方也會更容易錯誤歸因於對你有好感，建議你一定要試試看這個技巧。

⑤利用話術讓對方的回訊時間與生活作息產生連結

要製造「在對方做出某種常常會做的行為時，就會想起要回訊給你」的狀況。因此，可以試著把對方的生活作息跟回訊給你這兩件事連結在一起。例如：

「洗好澡就傳一張螢幕截圖給我吧！」

這句話是在本來要傳的訊息前面加了一句「洗好澡」。當你重複幾次這樣的說話方式之後，就能讓對方的潛意識中產生「洗完澡」↓「看手機並回訊給你」的固定模式，洗完澡後就自然而然地想到要回你的訊息。

人類的大腦不擅長養成全新的習慣，但若是在已經養成的習慣上附加一種新行為，就不會造成太大的壓力。因此，你要將對方現有的習慣（在這個案例中是「洗完澡」）和你希望對方做出的行動（在這個案例中是「看手機並回訊息」）連結起來，建立對方會自然回訊給你的習慣。

⑥暫時停止聯絡

當對方已經徹底養成「在固定時間回訊給你」，也把跟你聊天視為理所當然後，請試著暫時停止聯絡。也就是停止主動聯絡二～三天，即使對方傳訊來也要不讀不回。

若你有確實實行前幾項訣竅，對方的大腦潛意識就會認定「你＝每天固定時間（例如晚上八點）會聯絡的對象」。

在這樣的狀況下，當聯絡被中斷，對方的潛意識就會察覺這件事沒有照著習慣走，會忍不住思考你沒有回訊的理由。這時，你會在對方的腦中頻繁登場，對方也很可能把想到你的理由錯誤歸因成「因為喜歡你」。

❷選擇有魅力的頭像

對方和你互傳ＬＩＮＥ，或是在社群網站看到你的貼文時，每次都會看到你的頭像。而且，當你的訊息出現在頭像旁邊，看起來就像是你本人在說話，因此在對方的腦

■ 拍頭貼用的照片時須要注意的重點

・穿時髦的衣服
・讓腿看起來長一點（穿高跟鞋或使用內增高鞋墊）
・化妝（男生也可以化）
・弄髮型
・選個好看的背景（國外旅行地、自然環境、時髦的牆面、咖啡廳等品味很好的背景）
・和狗、貓等可愛動物一起入鏡
・和嬰兒或小孩一起入鏡
・修圖　等等

中，頭像給人的形象很容易跟你的形象重疊。

選擇一個討人喜歡的頭像，或是容易讓對方感覺到「愛」或「戀愛」的圖片，就能在對方心中讓這些好感、愛或戀愛情感歸因到你身上。

以「好感歸屬」這個觀點來說，最適合用來當頭像的圖片就是「你面帶笑容的照片」。不過，請不要使用「鬼臉」或「自拍」照片。「鬼臉」給人的印象很難歸屬到「戀愛情感」，而「自拍」則會給人不自然的感覺。

基本上，用別人幫你拍的照片會比較好。建議請擅長拍照的朋友幫你拍一張跟別人談笑時表情豐富的照片。

有預算的人，建議請職業攝影家拍照。花一點錢就可以讓職業攝影家幫你拍一張表情很棒的照片。頭像是你和對方沒有見面時，對方最常看到的圖片。只要忍住不參加聚餐兩次，就能讓你換一張很棒的頭貼，不覺得是很划算的投資嗎？

如果無論如何都不想把自己的臉放在頭像上，就要用能引起對方潛意識好感的圖片。建議使用「有一雙大眼睛的可愛動物照片」或是「在時髦場景中拍攝的你的背影」。

其實，我很想說明得更詳細一點，但由於篇幅限制，無法把所有細節都寫在這裡。我在網路上有免費提供「容易讓人產生好感的頭像要素一覽」與「容易讓人產生負面印象的頭像要素一覽」ＰＤＦ檔，有興趣的讀者可以從我的網站或社群網站下載。

③ 對LINE或訊息已讀不回

已讀不回是讓對方產生戀愛情感的最強方法之一。理由是「明明已讀卻沒有回訊」這件事會留在對方的潛意識中，增加對方在無意識中想到你的機會，也容易把想到你的理由歸因成對你的好感。

當我推薦用已讀不回來獲得對方的好感，總會有人說「這樣好像在耍心機」「我想要堂堂正正地面對」「我不喜歡會對我玩弄花招的人」。

不過，「耍心機」跟「堂堂正正」到底是什麼呢？同樣是已讀不回，如果是偶然很忙而已讀不回，大部分的人都會認為「原來是有原因的（＝也沒辦法）」，但是為了讓對方喜歡自己而故意已讀不回，就會被說是「耍心機」。這等於是根據主觀價值去判斷對方有沒有故意。也就是說，「如果是不小心做的就沒辦法」「如果是故意的就不行」，但對方無法判斷你到底是不是有意的，所以是不是故意根本沒關係。如果你真的因為睡著了而已讀不回，會跟對方說「對不起我睡著了」，故意已讀不回時也會說「對不起我睡著了」。所以對對方來說，根本就是同一件事。

重要的不是你的感覺，而是對方的感覺。而你之所以會不想用已讀不回這一招，是因為你覺得「已讀不回是一種不好的行為，會傷害對方」，但你也可以告訴自己「如果已讀不回最後可以讓對方幸福，那已讀不回就是一種必要的惡」「最後可以讓對方喜歡上我，我也能得到讓對方幸福的機會，所以沒問題」。

判斷事物的價值往往是兩面的。當對方因為自己的因素而在無意識間已讀不回，有些人會覺得「這也是沒辦法的事」，也有些人會覺得「這傷害到對方，如果不是有意的就更過分」。總而言之，我想說的是，「用單一價值判斷約束自己的行動很可惜」。如果你讀到這裡仍無法同意這個意見，請跳過這個小節。

接下來，我要對「為了讓喜歡的人喜歡上你，決定使用已讀不回」的人說明「已讀不回的詳細技巧」。

○已讀不回的使用方法

已讀不回的大致流程如下：

①送出訊息。
②對方回訊後，已讀不回。
③製造讓對方想到你的時間。
④讓對方安心。

首先是「①送出訊息」→「②對方回訊後，已讀不回」，這個步驟的前提是你們互傳訊息時，必須要讓對方覺得到「之後你應該會回訊」，否則就不會有效果。

能讓對方覺得「你應該會回訊」的方法大致有兩種。

第一種是多次和對方聊天互動。當你和對方多次互動，或是持續聊天很多天，甚至是許多週，持續跟你互動就會在對方心中成為潛在的習慣。請利用「①進入對方現有的習慣中」提到的「在固定時間傳訊息」「每次都用一樣的步調傳訊息（舉例來說，當對

方發訊息給你，每次都控制在一小時內回訊）」等技巧強化這個習慣，盡量讓對方期待你的回訊。和對方多次互動，建立時間跟步調的一致性之後，若你中斷回訊（＝已讀不回時），對方就會產生強烈的不協調感。

第二個讓對方大腦潛意識覺得「你應該會回訊息」的方法是，「讓對方想要知道後續」。這個方法不需要時間，馬上就可以用。例如：

「亞美，妳今天考幾分啊？跟我一決勝負吧！」

「我八十二分！智樹你呢？」

（已讀不回）

「亞美妳原來讀慶應大學啊！難怪我那天在田町站看到妳。」

「那你呢？」

（已讀不回）

在這些時間點已讀不回，對話就會在不完整的狀況下結束。人類的大腦不擅長把沒有結束的事情放著不管，沒有得知後續會在對方大腦的潛意識中留下不協調感。

只要像這樣，在對方大腦的潛意識中留下不協調感，對方的潛意識就會擅自開始注意你。

（他到底考幾分啊？／他是讀哪個學校？）

（是說，他為什麼不回訊息？）

（發生了什麼事？）

（而且他自己都沒辦法回答，那又幹嘛要問我？）

（明天看到他再問好了）

接著，對方會在無意識中開始覺得：

（我在想智樹的事……）

大腦會自動找出自己為什麼在想你，進而產生錯誤歸因：

（該不會是因為我喜歡智樹吧？）

已讀不回的重點有兩個，分別是「如何能讓對方強烈意識到你」和「如何能讓對方常常意識到你」。若你造成的衝擊能讓對方一不小心就會想起你，而且想起你很多次，那麼對方心中把想起你的理由錯誤歸因到「因為喜歡你」的可能性也會愈來愈高。

當你已經做到「①送出訊息」和「②對方回訊時，已讀不回」之後，就要進入「③製造讓對方想到你的時間」。

已讀不回之後，隨著時間推移，對方也會遇到其他事情，有其他事項要考慮，也就是說，除了「被你已讀不回的理由」之外，會有其他事情分散對方的注意力。因此，對方想到你的機會會減少，對你的興趣也會下降。

因此，已讀不回的時間不能太長，也不能太短。你必須思考已讀不回要持續多久才最有效果，並在恰好的時間點結束。這個期間的設定不容易，基本上可以從你之前跟對方互傳訊息的互動來判斷。例如：

- **在你們之前的互動中，回訊頻率大約是多頻繁。**
- **從對方的性格來考量，會有多在意已讀不回。**
- **從對方的性格來考量，已讀不回過了多久會開始令對方在意。**

此外，在結束已讀不回時，有時會須要說明已讀不回的理由。建議你事前準備好合理且能讓對方接受的理由，在對方要求你說明時回答，並配合你的理由選擇適當的已讀不回時間。

最萬用的理由就是「睡著了」。即使不是晚上，只要以「我累了」當理由，不論是哪個時段都可以用。而且一般來說，睡著後我們就會有好幾個小時沒辦法看訊息，可以合理解釋你為什麼沒有回訊。再者，已讀不回的意思是你在睡著之前已經先看過一次訊息，這也比較容易解釋你為什麼醒來之後依然沒有回訊。

順帶一提，人的記憶會在睡眠期間定著下來。利用這一點，在對方的睡前時段傳

「令人在意後續的訊息」也是非常有效的技巧。例如：

「對了，有一件事我一直想說。」

「什麼事？」

（假裝睡著，已讀不回）

「有件事我有點在意。」

「什麼？」

（假裝睡著，已讀不回）

當你做到「①送出訊息」「②對方回訊後，已讀不回」「③製造讓對方想到你的時間」之後，最後要做的就是「④讓對方安心」。

不論是無意識還是顯意識，當你已讀不回，對方多少都會在意你沒有回訊息。或許

有人會覺得「即使有人已讀不回我，我也不在意」，不過事實上，當你發現對方沒有回訊息，潛意識就已經確實開始在意起這件事。雖然程度有所差異，但每個人遇到這種事，都會變得有點情緒化，情緒不太穩定。

這時，你必須在之後的應對中採取讓對方安心的行動。如此一來，對方情緒的改變幅度，就很有可能錯誤歸因成對你的好感。而且你讓對方從負面情緒的狀態下感到安心，這比從沒有情緒感覺到好感，能夠獲得的好感總量更多。

請參考接下來介紹的理由，化解你的已讀不回給對方帶來的負面情緒。

・裝作沒有發現，假裝什麼事都沒發生

「抱歉，我以為我已經回了。」

「咦，我沒有回你嗎？抱歉～」

・給一個合理的理由

「不好意思，手機沒電了。」

「抱歉，我睡著了……」

這些是即使對方沒有問你「為什麼沒回訊」，你也可以主動解釋的理由。不論是顯意識還是潛意識，在不會產生不協調感的範圍內，多次讓對方感到焦躁之後再安撫，藉此提昇對方腦中對你的好感。

○已讀不回和不讀不回的差異

許多人都問過我「已讀不回和不讀不回哪個比較好？」

從結論說起來，哪一個比較適用要看情境，不過，製造愈多機會讓對方想起你，對方就愈容易歸因於對你有好感。因此，基本上已讀不回的效果會比不讀不回更大。不讀不回時，對方很可能以為「你在忙所以還沒看訊息」，已讀不回則容易讓對方思考「他為什麼沒有回訊息？是我做了什麼嗎？」

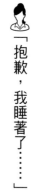

已讀不回：能讓對方感覺到你是故意忽視他
不讀不回：對方不知道你是不是故意忽視他

請按照本書之前的介紹，配合情境判斷，分別利用這兩種技巧（不過若要追求效果，幾乎所有案例都會是已讀不回的效果更好）。

❹ 對方回訊前，不要再繼續傳訊息

接著，我們要思考對方沒有回ＬＩＮＥ或訊息時你該怎麼辦（完全不在意對方不回訊的人，可以跳過這一節）。

從結論來說，對方沒有回訊息時，你必須注意以下三點。

①完全不要在意。

②即使你很在意，也不要做出繼續傳訊息的行為。

③如果你很在意，請利用系統化或規則化讓自己不要在意。

首先，我要先解釋「為什麼對方不回訊息時你不能在意」。在之前的小節中提過，「對方不回訊息」這件事一定會在你的潛意識內強制占據思考，奪走你腦內的資源。如果你幾乎不在意，被占據的就只有一小部分的潛意識。但你愈是在意，被占據的潛意識就愈多，甚至連顯意識都有可能開始在意這件事。

如此一來，你也會在不知不覺間變得情緒化，因此產生了衝動行事的風險。即使還不到這種程度，也可能會在工作或讀書時，因為在意對方沒有回訊息而導致精神不集中。

因此，請盡可能把「對方沒有回訊息」這件事逐出腦內。

你有沒有這樣的經驗呢？

• 一直看手機，確認有沒有新的通知。
• 一直反覆重看ＬＩＮＥ和訊息的畫面。
• 忍不住去確認對方的社群網站有沒有更新。
• 發現對方更新了社群網站就會感到焦躁。

做出這些舉動，會讓心中想到對方的時間和次數都增加，情緒也跟著高漲，容易造成對你不利的狀況，例如「太過在意對方」「跟對方接觸時感到窘迫」「無法展現出真正的自己」「無法壓抑情緒，衝動行事而搞砸」。在對方尚未回訊息時再次傳訊也是其中的一種，應該有很多人都曾經因為放任自己的情緒，說出多餘的話而感到後悔。

在對方已讀不回之後，即使你自覺並未情緒化，潛意識也多半受了很大的影響。因此，你的判斷力會下降，犯錯的風險也會變高。

當你感覺心情焦躁，請不要採取任何行動。

不過，有情緒就是有情緒，這是沒有辦法的事。因此，重要的是你必須打造一個系統，讓你不會感覺到焦躁，也不會衝動行事。接下來，我要介紹幾個既有效也容易實行的方法。

○規則化

對方不聯絡你時，你之所以會感到焦躁，原因出在

・不知道對方到底會不會回訊息。

・不知道對方是不是對你先前說的話有意見。

也就是這件事在腦內留下了不確定因子。

「有不確定的事，就會很在意後續發展」「大腦會自動想知道答案」，這些都是人類大腦的功能，我們無法避免。因此，大部分的人遇到對方已讀不回或不讀不回時，都會忍不住在意。建議你用自己的規則來消除已讀不回和不讀不回的不確定因子，藉此解決你的在意。例如：

·傳了LINE給對方，對方沒有回訊。在時間超過二十四小時前，當作對方有事所以還沒回，不要在意。

·超過二十四小時對方還沒回，就當作對方覺得回訊很麻煩。

請將這些規則寫在便利貼上，貼在房間的牆上，直到你習慣為止。喜歡的人不回訊息時，看看這張便利貼，或是唸出來，重複幾次之後，就會慢慢養成控制情緒的習慣。

習慣之後，你就能告訴自己：

·二十四小時以內對方沒回訊，放著別管就是了。

·超過二十四小時對方還沒回，就放棄它，別管就是了。

如此一來，因為已讀不回而造成的煩惱就會全部消失。

如果跟對方有非聯絡不可的理由，請事先決定規則，例如在提問前就告訴對方「這個時間之前要回我」，如果時間到了還沒有回就放棄。「約好明天要去玩但對方突然斷聯」時，也以「幾點前對方不回就當作沒有約」為處理原則。

○遠離手機

嘗試規則化之後，若還是會非常在意對方沒有回訊息，請遠離手機。

對方已讀不回時，你會想要再次翻看與對方的ＬＩＮＥ對話紀錄，或是再次傳訊給對方。這是因為你處於能夠看ＬＩＮＥ，也能傳ＬＩＮＥ的狀況下。處於可以選擇「傳訊息」或「不傳訊息」的狀態下，潛意識「想要傳訊息給對方」，但顯意識「知道不該傳訊息」，因此腦內才會陷入掙扎。愈是一直想著不要傳訊息，注意力就會被「要不要傳訊息」這件事占據，腦內也會因此產生「會這樣一直想著他，一定是因為非常喜歡他」的錯誤歸因，變得更加喜歡對方，甚至感到痛苦。

因此，這種時候要把選項減少到只有一個。當大腦認知到現在無論如何都沒有辦法看到手機，腦內就會自動消除「看手機」這個選項，「想再次傳訊息給對方」的心情也會自然而然減退。

此外，遠離手機還可以讓你減少做出暗示對方你在追他的行動，例如「對方過了很久才回訊息，但你看到他的回訊太高興了，立刻就回了訊息」等等。

遠離手機的方法有以下幾種：

①外出時把手機放在家裡。
②把手機交給別人保管。
③使用定時鎖盒。

③的定時鎖盒是附有計時鎖的產品，可以在電商買到。在設定好的時間內，只要不強行破壞就無法打開盒子，因此可以強制不使用手機（而且定時鎖盒有點貴，會不太想

要破壞它）。適合想集中精神工作或唸書的人。

○告訴自己「知道對方已讀不回的理由也沒有好處」

對方已讀不回時，你之所以會感到不安，是因為「不知道對方為什麼已讀不回」，你會在無意識中想要知道理由，這樣才能安心。

然而，對方已讀不回有無限多的可能原因，例如「睡著了」「很忙」「覺得很麻煩」等等，即使詢問，對方也不見得會告訴你真正的理由。事實上，你應該也曾經跟一個懶得回訊的對象說過「沒回訊息是因為我很忙」。

因此，去推測或質問對方為何沒有回訊息，可以說是沒有任何好處。而且，你愈是在意對方不回訊息的理由，喜歡對方的情感就會愈來愈高漲，不但會感到痛苦，甚至還會衝動行事。若你的目的是「讓喜歡的人也能喜歡你」，做出這樣的行為就只有反效果。

而且，詢問對方「為什麼已讀不回」，可能會讓對方覺得你很煩，甚至對你產生負面感受。

想要知道，甚至詢問對方已讀不回的意圖，只是在浪費時間，把這些時間用來做別的事情會好得多。

說到這裡，相信各位已經了解「對方不回訊時不要在意，也不要採取任何行動」的方法與重要性。

不過，或許有些人會覺得「如果什麼都不做，我們的關係怎麼會有進展？如果他繼續忽視我，我們不就從此斷線了？」若要回答這個問題，我的意見是「想讓關係有所進展，什麼都不做才是最理想的」。

對方若都已讀不回了，代表無論是潛在或顯在，對方就是有不回訊息給你的理由。因此，如果為了避免從此斷線而繼續傳訊息，只會讓對方覺得「你很煩」。甚至可能會讓對方產生「因為不喜歡你，才會覺得你煩」的想法。因此，不主動採取行動並不是消極，而是一種積極的迴避風險。

不過，如果就停在這裡，彼此間的關係確實無法前進。因此，在「不採取任何行動」之後，還要「假裝自己完全不在意，表現得很自然」。

舉例來說，即使對方已讀不回，也會在學校或公司碰到面，即使沒有碰面，應該也會有機會可以互動。這時，請不要介意對方上次的已讀不回，也不要表現出任何一點點在意，用普通的態度和對方說話或傳訊息。絕對不要問對方「為什麼要已讀不回」，也不要反覆去問對方沒有回覆的話題。

表現出完全不介意的樣子，也不去提到上次讓對方已讀不回的話題，對方就能普通地跟你對話，如果對方對已讀不回這件事感到抱歉，就會因為你沒有介意而感到安心，這時對方的情緒可能歸因到你身上。也就是說，當對方認為你不介意他的已讀不回，你在他心中的印象反而可能會有所提升。

不過，這個方法無法用於完全沒有機會見面或聯絡，只靠訊息聯繫的對象。若你的對象是這種類型，請先不要有任何行動，等待一個月或兩個月後，再若無其事地從頭開始傳訊息給對方。

許多人都覺得遲鈍是一種缺點，不過事實上，遲鈍也是一種不麻煩、可以輕鬆來往的人具有的特質。如果能讓對方覺得你是這樣的人，就能得到許多獲得對方好感的機會。因此，請完全貫徹「對方已讀不回時，不要介意」的原則。

❺ 悄悄配合對方

為了提高自己生存的機率，人的大腦必須區分外敵與同伴。因此，我們對跟自己很不一樣的人會產生警戒心，對跟自己相近的人則會產生親近感，這是一種適應環境的生存本能。所以，如果能讓對方在潛意識中覺得「跟你有些地方很相近」，對方就會在無意識中對你產生親近感，也容易發展成好感。

這個方法叫作「鏡射」，是心理學相關的自我啟發書籍中常常介紹的知名方法。相信許多人都有聽過，當我們模仿對方的肢體動作，對方就容易喜歡上我們。這就是因為鏡射的原理。

不過，這個方法也有它危險的地方。那就是當對方發現你在悄悄配合他，可能會產生負面的感受。當你發現有一個人總是模仿你說話，你也會覺得有點討厭，對吧？用剛剛說明過的大腦觀點來看，就會很清楚地理解。我們的潛意識（＝本能）會在無意識間對「跟自己很像的、相近的事物」產生親近感，另一方面，我們的顯意識卻會在發現「對方是故意模仿我」的時候升起警戒心，甚至產生不舒服的感受。

因此，這裡要說的是，如果你能在傳ＬＩＮＥ或訊息時巧妙地配合對方，會比面對面接觸時更容易讓對方產生好感。不過，之前有提到，當對方發現你是故意在配合他，一切就結束了。因此，我們必須注意「哪些行為不會被發現」「配合到哪種程度不會被發現」，並挑選其中幾個重點實行。

①配合對方的訊息長短與分段

接下來終於要進入正題了。首先，請配合對方的「訊息長短」和「分段」來調整你的訊息風格。如果對方常常打一大段訊息，你就打一大段。對方的訊息很短，你就要以短訊息為主。同樣地，在LINE或上傳訊或私聊時，分成幾段（幾個對話框）來傳，也要配合對方的習慣。

不過，配合訊息的文字量並不是最重要的目的，因此也可以適時地打破這一條規則。沒有送出原來應該給對方的訊息是更加糟糕的，因此在對話時，只要自然地配合對方就夠了（之後介紹的其他項目也是一樣）。

此外，當你的訊息長短跟段落都比對方少一點點，就能讓對方跟你的潛意識容易覺得「對方比你積極」，對方也更容易覺得自己喜歡你，而你則比較能保持冷靜。

②配合對方回訊息的間隔時間

舉例來說，如果對方約兩小時回一次訊息，建議你也兩小時回一次，或是比對方更久一點。這只是一種基本守則，不必嚴格遵守。在能夠自然做到的範圍內配合對方就好。

③配合對方回訊息的時段

假設對方與你聯絡的時間都在晚上八點左右，建議也配合這個時段聯絡或是回訊。

這是鏡射中最重要的一個環節。事實上，人對生活作息跟自己不合的人很難產生戀愛情感。舉例來說，晨型人跟夜型人交往會產生生活作息時間差。生活規律不同，會很難想像如何一起生活、一起行動，可能會因此在潛意識中感覺「這個人跟我可能合不來」。因此，生活作息具有在可能範圍內盡量配合對方的價值。若你有實行之前介紹過的「❶進入對方現有的習慣中」，就能自然地做到這一點。沒有閱讀前面章節的人，請翻回去閱讀。

④配合對方的說話方式

配合對方的說話方式是一種不容易被發現，又容易讓他人感覺到彼此很像的方法。

具體來說，須要注意的有「一次聊的話題數量」「標點符號的位置、數量與用法」「換行位置」「語氣」「表情符號的種類與數量」等等。必須好好觀察，否則很難掌握對方的特徵，建議複製幾段對方的LINE或私聊訊息，找出其中的共通點。

不過，要注意的是語氣不要模仿得太接近。舉例來說，我講話時常會用「相當」和「非常」，如果跟我說話的人學我一直講「相當」，我不會發現，但如果對方也一直說「非常」，我就會發現（以前有人學我，我就發現了）。由於配合對方的前提是不能讓對方發現，因此若對方的語氣有很明顯的特徵，就不能模仿這一點。

⑤配合對方使用的貼圖（傳LINE時）

和對方使用一樣的LINE貼圖機率比較低，想在對方不會察覺的狀況下使用一樣的貼圖有些困難，但如果能裝作剛好你也有一樣的貼圖，對方就會覺得「你跟他很像」，這個方法非常值得嘗試。

能夠最自然地使用這個方法的時機，是你剛認識新的對象，或是對方剛傳了他新買的貼圖時。請立刻購買對方使用的貼圖，立刻用這些貼圖回傳，告訴對方「我也有這個貼圖，這真的很可愛」。這會讓對方感覺到非常巧合，對你產生強烈的親近感。

不過，如果對方使用的貼圖太過冷門，這時候模仿對方就太過明顯，請絕對不要這麼做。這時，建議使用大眼睛的角色或動物類貼圖。人類的本能就是喜歡大眼睛和可愛的動物，請利用這類貼圖刺激對方的本能，讓對方歸因於對你的好感。我個人喜歡的角色貼圖是史努比、哆拉A夢和熊本熊。應該也有其他更好的貼圖。

持續使用同一種貼圖，這種貼圖給人的印象就會跟自己印象重疊。建議不要一直換貼圖，盡量使用同一種。

6 注意同時進行的話題數量

如果你是一個個性很認真的人，那應該常常在跟對方傳訊息時，同時聊好幾個話題。例如：

「好期待貓咪咖啡廳喔！不過其實我比較想去狗狗咖啡廳。」

「啊，與其找週末，我可能平日比較有時間。」

「是說妳會打籃球真是太厲害了，妳感覺就很擅長運動！」

不少人都會像這樣，用LINE或訊息一次聊很多各不相干的話題，或是寫了很長的訊息，同時聊好幾個話題。

不過，基本上大腦面對複雜的事會感覺到壓力。一旦覺得麻煩，就會不想回訊息。

因此，話題數量增加時，就要放棄沒有發展性的既有話題，留下一兩個話題繼續聊。

以剛剛的對話為例，可以改成：

「真不錯，我想去貓咪咖啡廳！星期五晚上如何？我好期待喔！」

這樣回覆就好，刪掉狗狗咖啡廳和籃球的話題。

話題的數量一多，訊息句子也會愈來愈多，如此一來，本來應該聊得很熱烈的話題也可能會偏離主題，反而失去了和對方聊得開心，也就是讓對方產生親近感的機會。

此外，如果對方開了好幾個話題，而你減少了話題數量，你沒有回應的話題就等於在途中結束，對方也會更容易在潛意識中想要繼續聊這些話題（＝想要跟你多聊一點），這也是減少話題的好處之一。

平常就要注意，一次聊的話題有一到兩個就夠了。

⑦ 使用容易讓人產生好感的單詞

或許很難令人置信，但光是講對單詞或句子，就足以讓你喜歡的人對你產生好感。

請試著在對方顯意識不會產生不協調感的範圍內，積極在LINE或訊息中使用「讓對方產生好感」的單詞或句子。常常使用這些詞句，有可能哪一句就打中了對方的心，讓對方不知不覺間喜歡上你。以下是幾個具體例子。

①狡猾

請試著在對方做出其實一點都不狡猾的行動或動作時使用。例如：

「怎麼這樣講啦，你很狡猾耶。」

「居然用這個表情符號，妳真狡猾。」

重點在於對「不知道哪裡狡猾」的行為做出「你很狡猾」的評語。「狡猾」是一種含有暗示意義的詞，對方的潛意識會在無意識中企圖理解這句「狡猾」的意義與背景，如此一來，對方就更容易覺得「你是不是喜歡我」「我一直在想你，或許是因為喜歡你」。

②美妙

「美妙」這個詞，在漫畫、連續劇和電影裡常常看到，但現實世界裡很少看到人用。

正因如此，當你「平常」就使用「美妙」這個詞，就能製造出在對方身邊只有你會使用這個詞的情境。如此一來，當對方一看到「美妙」這個詞，就會很容易想起你。

「假日你在家裡都做什麼呢？」

「大概都在打遊戲吧。」

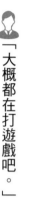

「真是個美妙的興趣。遊戲打著打著不知不覺間就過了很久吧。你喜歡什麼遊戲？」

「美妙」是個可以自然使用在句子裡的詞，即使是沒有那麼好的事情，用這個詞來形容也不大會有不協調感。

此外，剛剛提到對方會看到「美妙」這個詞的時候，多半都是在漫畫、連續劇或電影等氣氛正好的場景。因此，說出「美妙」時，對方的潛意識就容易在無意識中想起愉快、感傷、浪漫的氣氛，因而造成「覺得氣氛不錯時常常想起你」→「想到你時總是會怦然心動」→「或許是因為喜歡你」的連鎖反應。

③心動、心跳加快

這些也是和「美妙」一樣可以使用的詞語。如果反覆只使用其中一種，對方可能會覺得怪怪的，因此也建議使用這種有類義語的詞，其中「怦然心動」「心跳加快」配合之前介紹的「狡猾」一起用，效果會更好。例如：

「貴大，你用的貼圖太可愛了，好狡猾喔，害我心跳都加快了。」

「芽衣，妳誇人的方式太狡猾了吧，害我都心動了。」

④好吃、開心、有趣、高興、幸福

表達正面情緒的詞，也能製造出跟你對話時對方會感覺到正向情緒的事實。

因此，基本上平常就要避免使用煩躁、生氣、痛、住手、討厭等只會令人產生負面印象的詞。

⑤對方喜歡的事物

也建議提到對方喜歡的事物，這樣容易引起對方的正面情感。如果你很清楚對方喜歡的食物、喜歡的名人、興趣等在對方心中與正向情感相關的單詞，請試著在對話中使用這些詞。

話雖如此，如果在阿部寬的粉絲面前每次對話都要提到阿部寬，未免也太過奇怪，也顯得刻意。建議可以提出阿部寬的話題，誘導對方說出「阿部寬」的名字。對方說出這個詞，就跟你提到這個詞的時候一樣，能夠引發心中的正向情感。例如：

「你之前說你喜歡哪個演員啊？」

「誰？阿部寬嗎？」

「對！阿部寬真的很帥耶。阿穰你有沒有推薦哪部他演的劇？」

⑥對方的名字（不含姓氏）

在「跟喜歡的人見面時該做的事」的章節，介紹過「用名字或只有你使用的綽號稱呼對方，可以讓對方覺得跟你很親密」，當然在ＬＩＮＥ或訊息往來時也是一樣。當你用親朋好友的方式稱呼對方，對方就會把對其他親友的好感轉移到你身上。本書的例句有許多都故意喊對方的名字，就是由這個觀點寫出來的。

⑦喜歡、喜歡上

「喜歡」也是一個與正向情感相連的詞語，我非常推薦。你沒有必要直接對對方說出「喜歡」，但是可以試著對與對方相關的「某種事物」說「喜歡」。

例如對方在VELOCE（咖啡店）打工，你可以說：

「VELOCE的咖啡好好喝喔~我每天早上都會去。」

對方的指甲很短，你可以說：

「那個女演員指甲很短，我喜歡她。」

你覺得對方身上的物品不錯，可以說：

「真由妳的手機殼真好看！在哪裡買的？」

像這樣，請平常就對對方所屬的團體、對方身上的物品、對方推薦你的東西、對方的想法表達出你的「喜歡」。

大腦邊緣系統中，掌管情感的部分無法正確理解主詞和受詞。因此，即使你沒有直接說出「福良我喜歡你」，「喜歡」這個詞也會留在對方的潛意識中，對方會在無意識中覺得自己似乎已經接受了你的好感。當別人對自己展現出好感，我們的潛意識就會產生「他喜歡我，我們感情應該不錯」的認知，因此對方在無意識中也會想要回報你的「喜歡」，就更容易喜歡上你。

⑧陪（譯註：日文的陪（付き合う）也有「交往」的意思）

「陪」這個詞在與戀愛相關的場景中經常使用，因此在對話中自然地加入這個詞，可以讓對方在無意識中把你的印象和「陪」的印象重疊。例如：

「我想去一下職員室，陪我一起去嘛。」

「我要去自動販賣機，陪我一起去吧，當然是滿里奈妳請客。」

⑨兩個人

乍看之下似乎是可以普通使用的詞，事實上在一般場合很少會用到。另一方面，仔細看看浪漫的電視劇、電影或漫畫，常常都會提到「兩個人」「兩個人都」「只有兩個人」等等詞語。這個詞在某種程度上可以自然使用，而且很容易就讓對方將好感歸因在你身上，建議積極使用。

「我們兩個人都不懂，可見這個題目太難了啦。」

「這塊牛排太大了，都能讓我們兩個人分著吃。」

⑩緣分、命運、設定、神、連續劇

遇到超乎自己理解或想像的事物時，大腦會覺得「這很特別」。例如：

「咦？繪梨香妳也是神奈川人嗎？我也是田奈高中畢業的耶，沒想到在這裡竟然會遇到田奈高中的人！」

這時，我們會在無意識中覺得「我可能跟這個人很合得來」「我想跟這個人當好朋友」。這樣的對話相信你也有經驗過。

將這種在表現特別感的場景中常用的詞語加在對話中，可以讓對方在無意識中對你產生同樣的特別感與親近感。例如：

「啊，希望命運讓我們兩人都拿到offer……」

「竟然會加班，真是神都無法預料。下次再一起去喝酒吧，工作加油喔！」

「我們重疊的興趣也太多，妳是不是以前就認識我啊？」

⑪祕密、保密

在「跟喜歡的人見面時該做的事」中，我提過要「創造只屬於你們的小祕密，藉此拉近跟對方的距離」。祕密可以幫我們獲得對方的好感。

「加奈妳是籃球隊的吧？」

「祕密！」

「為什麼？」

「騙你的啦！我是籃球社沒錯。」

「為什麼要保密啊？」

大腦不擅長讓事物保持在不完全的狀態，因此當你說出「這是祕密」，對方的大腦就會不自覺地

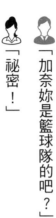

想要知道祕密的內容。對方的大腦也會在無意識中把「想聽你說祕密的內容」的理由錯誤歸因成「之所以一直想到你，都是因為很在意你」，進而對你產生好感。

❽ 傳照片或圖片給對方

大家在使用LINE時，通常只會傳送文字和貼圖，不太會使用視覺資訊。因此，利用照片與圖片可以更容易讓對方留下印象。

舉例來說，你可以拍一張現在所在地的照片傳給對方，問他：

「猜猜這是哪裡？」

如此一來，對方的潛意識就會一直在意這件事，直到確定這個地方是哪裡為止。當你讓對方想著你，對方也就更容易回應你的訊息。

當然，如果你們的交情還沒到一定程度，突然傳這樣的訊息會讓對方有點不舒服。

因此，為了提高對方的回應機率，請盡量傳送跟對方見面時的對話、對方喜歡的事物等有關的照片。

如果對方喜歡看足球賽，就傳一張足球選手的照片。

「你知道這個選手是誰嗎？」

「喔，是哈蘭德嘛！」

「我看到X上有他的照片，想說宏明你一定會知道。」

或是拍超商甜點區的照片傳給喜歡甜點的人。

「我找到一個看起來好好吃的甜點！」

「7-11的提拉米蘇真的很好吃！」

「剛剛妳提到甜點，我就想吃了。妳有推薦什麼7-11的甜點嗎？」

如果做得到，我也建議在傳送給對方的照片或圖片裡加入容易歸因成好感的因素。

舉例來說，在拍照時故意拍到自己的手等等。

一開始，你就可以利用容易製造好感的照片來聊天。例如在聊天時傳送「可愛動物的照片」「可愛的小孩或嬰兒的照片」「令人想去旅遊的旅遊景點照片」「美麗的風景」等容易讓對方歸因好感的照片或圖片。

不過，這個方法跟其他方法一樣，不能經常使用。如果有一個不感興趣的人每天都傳照片來，你也會覺得很煩吧？在自然的互動中傳照片或圖片才會帶來親近感與好感，如果對方在顯意識中覺得「為什麼會傳一堆照片給我」「是罐頭訊息嗎」，對方對你就會產生負面感受。因此必須注意這一招不能使用太多次。

⑨ 傳自己畫的畫給對方

這是「傳照片或圖片給對方」的進階版。幾乎沒有人會傳送自己畫的圖或寫的字，因此，當你這麼做，就能在對方的腦中留下獨一無二的強烈印象。如果這張圖還能讓人產生親近感或戀愛情感，那麼只要這個強烈的印象還留在對方的腦中，對方也會產生這樣的情感，而且這個情感很容易被歸因到你身上。

舉例來說，邀約對方約會時就很推薦使用這個方法。手繪的圖像會給人可愛的感覺，而且讓圖片來說話，就對方看來就像別人在說話。這個方法也可以幫助你說出平常太緊張而說不出口的話。

如果你是男性，畫一張潦草的圖，用圖來說出你難以啟齒的話，常會有很好的效果。

女性則建議用可愛的圖畫加上你想表達的情緒。這樣的圖畫用手機的記事本就能輕鬆畫出來，也可以畫在餐廳紙巾上，再用手機拍照傳給對方。

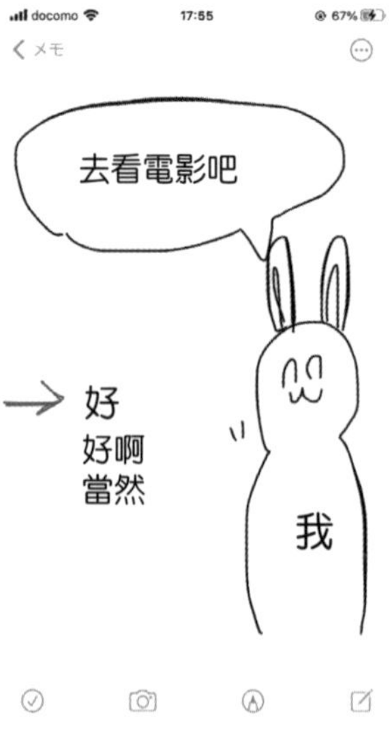

像這樣的圖片帶有幽默感，容易讓對方產生好感歸因。舉例來說，你也可以「畫一張對方的Q版圖，讓他說出奇怪的話」，用你的創意想出無限點子。請運用本書提到的方法，盡量想出其他人沒有用過的點子，畫成圖畫傳給你喜歡的對象。

⑩ 提出問題，偶爾不說答案

為了讓對方盡量多花一些時間想你，創造出「對方想著你」→「對你產生好感」的情境，必須利用大腦「不想把弄不懂的事放著不管」的特性。例如：

「妳猜這是什麼？」（傳一張在雜貨店看到的特殊造型商品圖片）

「咦？筆記本？記事本嗎？」

「猜錯了，猜對我給妳一萬元。」

「我一定要猜中！」

→之後暫時放著不管

之前在第二章「萬人迷的基本思考」的「❹別把一切全說出來」介紹過，當對方在意你所出的謎題答案，想到你的時間就一定會增加。請在平常的ＬＩＮＥ或私聊的互動中出一些小謎題，讓對方的潛意識對你產生印象。

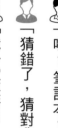

⑪ 拜託對方做一些小事

之前在第二章「萬人迷的基本思考」的「⑦讓對方為你付出成本」介紹過，「讓對方為你付出成本」能讓對方覺得「不想失去你」，從這個觀點來看，沒見面時，你有很多可以做的事。

- 讓對方幫你詳細解說一件事。
- 讓對方把現在所在地的照片傳給你（如果對方正在旅行）。
- 讓對方傳貼圖給你、送貼圖給你。
- 推薦電影或漫畫給對方，請對方告訴你感想。
- 互相傳有趣的短影音。
- 請對方推薦適合送給異性朋友的生日禮物。

・在電商網站上買書送給對方（請對方告訴你住址、指定送達時間，並等待到那個時間，再讓對方讀這本書）。

要讓對方為你付出成本有很多方式，最具效果的不是讓對方為你花錢，也不是讓對方為你做出大事這種高難度挑戰，而是促使對方思考。請利用「請對方傳短影音的影片給你，讓對方思考要傳哪一個影片」「請對方推薦漫畫給你，讓對方思考推薦哪一部漫畫」等等難度低效果大的方法，慢慢累積出效果。

⑫ 誘導對方讓你們確實見面

接下來要介紹的是如何讓對方希望「跟你進一步發展成頻繁見面的親近關係」。

生存本能會讓大腦盡量不想降低思考速度，盡可能在潛意識中處理所有的事項。因此，當你和對方長期都維持著不見面，只互相傳訊息的關係，對方的潛意識就可能認為

「跟你是不太見面的關係」。

當然，如果對方對你有好感，好感就會引發「想見你」的情緒，最好能讓對方覺得「跟你見面是理所當然的」。

因此，除了平常就要讓對方有會跟你見面、想見面的感覺，也要讓對方認知到實際跟你見面是理所當然的事。

接下來我要介紹的就是三個有效的方法。

①在事前的對話中讓對方想像你和他待在一起

在前提條件中加入你，就能讓對方想像跟你兩個人待在一起的情景。

「妳想不想去阿布哈茲？」

「怎麼這麼突然？那是哪裡啊？」

「最近在X上很紅啊，我看了就想去（貼上網址），這週末一起去吧！」

「太遠了啦，週末怎麼可能去得了。」

「那如果要出門旅遊妳想去哪裡？溫泉嗎？」

「嗯……（這時對方會開始想像旅行），我想去箱根看看。」

像這樣，在對話中加入你們兩人一起做某件事的前提，即使只有短暫的也無妨。如此一來，對方的腦中就會自然而然產生這樣的思考：

（如果我跟他一起去旅行……）

適當地經由這些對話，讓你在對方的想像中經常出現，對方的大腦就會習慣跟你在一起的想像，當你約對方見面，對方的潛意識也就不太會抗拒。

②事前告訴對方你想跟他一起做的事

大腦喜歡維持現狀，因此會對突然出現的新想法有抗拒感，例如：

「恭平，我想買衣服，要不要陪我到LUMINE去買衣服？」

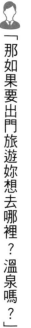

這樣的突然邀約，會讓對方覺得：

（沒想到小遙會突然邀我出去。小遙喜歡我嗎？我會不會想太多了）

當對方開始思考，為了理解現在的狀況，大腦會感覺到壓力。比起讓對方想像跟你一起做的事，這種邀約法會讓對方拒絕的機率變高。另一方面，如果你事前告訴對方：

「我喜歡逛服飾店。」

「LUMINE的三樓有男裝店，我一個人不太好去。」

如此一來，當你說出：

「恭平，我想去LUMINE買衣服，你要不要一起去？」

這時對方已經在潛意識中理解可能會出現這種邀約，因此大腦不會感覺到壓力，拒絕邀約的可能性也會降低。

因此，建議在平常的對話中常常加入一些資訊，例如：

「我喜歡貓咪咖啡廳。」

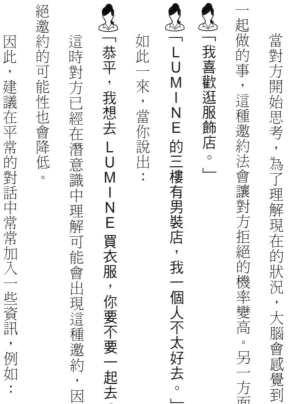

「好想去吃吃看那間燒肉店。」

假裝你是突然想到的，就不用管前後文是否有關係，可以盡量使用。

「抱歉我剛剛去洗澡了。泡一泡澡就突然好想去溫泉。」

「工作好累，好想去貓咪咖啡廳。」

這種對話也很容易加在ＬＩＮＥ或私聊訊息裡，用得愈多次，想邀約對方時就愈容易，你的邀約也更容易成功。

③用很難拒絕的方法邀約

實際約對方見面時，若使用對方大腦會答應的方式邀約，就會減低被拒絕的機率。

「辛苦了！把十二號空下來，我有東西要給妳，一起去咖啡廳吧。」

「抱歉，那天我跟朋友約好要一起去玩了。」

「真好，我也想一起去，我們三個人一起閨密聚會吧。」

「不要鬧了啦，十四號或十五號我有空。」

「那就十五號吧！」

不被拒絕的訣竅有三個重點。

・邀約見面的時間要在一星期以內（盡量在兩到三天內）

如果邀約見面的時間是很久以後，對方的行程或心情可能會改變。為了在對方的大腦出現多餘的想法之前就實行約會，應該把見面的時間定得近一點，也就是一星期以內。

・提出一個清楚的日期

提出一個清楚的日期，是為了不要給對方的大腦造成壓力。

「十月四號～十月十號之間哪一天比較好？」

許多人都以為提供多種選項，對方答應的機率會比較高，但其實這通常都是錯的。

選項愈多，就是讓對方有愈多空間思考要選哪一個。這時會造成大腦的壓力，對方也更容易覺得回答你很麻煩。因此，如果是一定要見面的對象（例如商務會談），提出幾個日期會是比較友善的方式，但如果是對方不知道會不會答應的邀約，就要提出一個清楚的日期，才比較容易讓對方答應。如果對方說「那天沒辦法」，你只要再提出別的日期就好。

・製造讓對方答應你的理由

最後，最重要的就是「製造讓對方答應你的理由」。只要能做到這一步，對方的潛意識就會在與戀愛情感無關的地方找到跟你見面的理由，拒絕見面的機率也會大幅降低。例如：

「明天我們去原宿吃飯吧。」

當你發出這樣的邀約，對方很可能在潛意識中會做出這樣的思考：

（廣明是不是喜歡我？）

（如果廣明喜歡我，我又答應了這個邀約，就等於告訴他我也很在意他。）

（如果他現在對我告白，我不一定想答應，而且如果答應約會，其他人可能也會以為我喜歡他。）

「抱歉，我明天有事……」

就像這樣，如果不幫對方製造答應的理由，對方就會想到很多應該拒絕的理由。

另一方面，如果你的邀約方式是這樣：

「下班我想順便去一趟原宿，妳可不可以陪我去？我想買我妹的生日禮物，大概會待一小時，我需要一個能用女生觀點幫我挑禮物的人。」

（我只是因為他需要女生觀點才去陪他挑禮物的。）

（而且這是為了他妹妹。）

（只是下班順便，又只有一小時。）

（萬一被其他人發現，只要這樣解釋就好了。）

對方的潛意識會如此思考，無論是對自己，還是對其他人，都更容易找到赴約的理由，因此比較可能輕鬆答應。

只要見面，你就能做出許多讓對方喜歡你的行動，讓對方將好感歸因在你身上。因此，在邀約時要下點功夫，讓對方找出見你的理由，還要能跟別人解釋為何跟你見面。

⑬ 實際做出對方喜歡的事

在「跟喜歡的人見面時該做的事」的「❻表現出真心的關懷」介紹過，「實際去做對方喜歡的事」，是獲得他人好感的第一祕訣。這樣做不但讓你可以在見面時跟對方聊這件事，而且你認真地對對方喜歡的事產生興趣，會讓對方把你當成「有共通點的人」，因此更容易產生親近感與好感。

即使你沒有真的去實行，也可以嘗試去喜歡對方的興趣。本書前面的章節也介紹過你可以嘗試去「喜歡」與對方相關的事物。

不過，「實際去做做看對方喜歡的事」帶來的效果無與倫比，因為真的付諸行動的人少之又少。

絕大部分的人不會花時間去實際嘗試對方的興趣。因為每個人都有自己的人生、自己想做的事和自己的興趣。因此，當你實際嘗試了對方的興趣，會讓對方覺得你很特別，對你產生非常深刻的印象。

此外，實際嘗試過後，你就可以生動地描述當時的情境與感想，這更是大大加分。如果你並沒有真的對對方喜歡的事產生興趣，也並不了解，只是口頭說「我也喜歡」，對話中就會讓人在顯意識中有這樣的感覺：

（她好像沒有那麼有興趣……）

（只是說「有可能會有興趣」吧，只是在配合話題，希望我會對她有好感而已。）

對方的潛意識裡也不會覺得你是「跟自己有共通點的人」，就這樣結束了。不過，若你有真的去做，就能具體描述當時的情形，對方的顯意識也就不會產生上述的想法。

我有一位萬人迷朋友就是徹底遵循這條守則，想跟某人變熟時，會從對方的興趣中找到自己真正喜歡的項目，並常常以：

「我也好喜歡這個！」

為開頭展開話題，製造與對方的共通點，獲得對方的好感。

不過，若他自己只有半吊子的經驗，或是並不十分了解時，就不會說自己「喜歡」對方的興趣。但在下次見面前，他會打從心底對對方的嗜好產生興趣，或是認真查詢資料，實際試著參與，也就是製造出「自己真的跟對方喜歡同一件事物」的狀況。

他不但從來沒有戀愛的空窗期，連工作上接觸的人都希望與他交往，甚至用個人的人脈取得工作，還有人帶他去旅遊，得到了人際交往的各種好處。

因此，如果你有一個真的想要打好關係的對象，請試著打從心底對他的嗜好產生興趣，好好利用沒與對方見面的時間，試著去做對方「喜歡的事」，並真心喜歡上它。實際嘗試過之後，就能在跟對方討論感想時，自然地多次使用「喜歡」這個詞。

這個方法看似繞遠路，但最終應該還是能讓你成為對方特別有好感的對象。

後記

感謝各位讀者讀到最後。

本書介紹的是日常生活中可以輕鬆使用的「大腦錯覺法」。之所以只介紹可以輕鬆使用的方法，是因為我希望能有更多的人實際嘗試使用它。本書幾乎所有方法都可以在沒有心理負擔的狀態下嘗試，請一定要試試看。

「大腦錯覺法」其實是一種非常強大的武器，舉例來說，你可以「只用一句話」就讓喜歡的對象滿腦子都是你，讓他越來越喜歡你，讓他開口約你，讓他對你告白，甚至是求婚……可以說是連有點洗腦味的事都做得到。

不過，這種「強大的武器」幾乎沒有廣為流傳，這是因為，當這些方法廣為人知，就會失去效果。即使是所有美國人都會感動落淚的電影，看了十次就會連一滴淚都流不出來，這也是一樣的道理。

而且，這些方法往往都十分激烈，也很大膽。正因如此，對方開始在意你無法預測的言行時，它才能大幅驅動對方的潛意識，讓對方喜歡上你。然而，絕大部分的人都沒有勇氣做出與眾不同的行為，即使知道了這些技巧也不會去使用。所以，本書並沒有介紹這些「特別的方法」。

據說「現代人買來的書中，有百分之九十五的書都沒有被讀完」，而當你讀到這一頁，很可能代表你「能對想要的未來努力，是一個非常特別的人」。我打從心底希望這樣的你能夠成功，能夠跟你最愛的人一起幸福生活。

為了你，我要介紹一些更強力的方法。在我可以免費訂閱的電子報上，介紹一些雖然危險但是效果絕佳的「大腦操作祕訣」。希望真正有興趣的人能一窺究竟。

serasatoshi.com

國家圖書館出版品預行編目(CIP)資料

好感溝通：聊著聊著就脫單/世良悟史作；劉淳譯. -- 初版. -- 新北市：世潮出版有限公司, 2024.07
面；　公分. -- (暢銷精選；89)
ISBN 978-986-259-093-5(平裝)

1.CST: 戀愛心理學 2.CST: 兩性溝通 3.CST: 兩性關係

194.7　　113006707

暢銷精選89

好感溝通：聊著聊著就脫單

作　　者／世良悟史
譯　　者／劉淳
主　　編／楊鈺儀
編　　輯／陳怡君
封面設計／林芷伊
出 版 者／世潮出版有限公司
地　　址／(231)新北市新店區民生路19號5樓
電　　話／(02)2218-3277
傳　　真／(02)2218-3239（訂書專線）
劃撥帳號／17528093
戶　　名／世潮出版有限公司　單次郵購總金額未滿500元（含），請加80元掛號費
世茂官網／www.coolbooks.com.tw
排版製版／辰皓國際出版製作有限公司
印　　刷／傳興彩色印刷有限公司
初版一刷／2024年7月

ISBN／978-986-259-093-5
EISBN／9789862590911 (PDF) 9789862590928 (EPUB)
定　　價／380元